La búsqueda de Mussa

Guillermo Alonso

La búsqueda de Mussa

Segunda edición: Abril 2014

Depósito legal: CS-134-2014

ISBN: 978-84-942550-0-7

Maquetación: www.editamos.es

Edita: Luminis Editora | Hispano Books

Distribución: www.arboldelibros.es

Prólogo

No sé si mi pretensión es exagerada o acertada.

Este pequeño libro es un compendio de historias nacidas de la experiencia, que deseo transmitir, dando a conocer a mis hermanos de aventura... la aventura de la vida en este maravilloso planeta al que habremos de devolver, lo que tanto nos ha dado en forma de amor y respeto.

Pensamientos y consejos que surgen de mi corazón, sazonados con la naturalidad de una vida sencilla, llena de vivencias preciosas y enriquecedoras.

Tratando que sea el corazón y no la razón el que ponga los límites, y sintiendo que la parcelita de verdad que he logrado conocer sirva para que vosotros podáis buscar y encontrar vuestra verdad y vuestro camino.

El autor

Introducción

La vida es un continuo buscar respuestas. Las personas que apenas se hacen preguntas –o ninguna preguntas–, serían las llamadas dormidas. Que estés leyendo estas líneas ya indica que estás despertando o ya estás despierto.

Si te das cuenta, los temas que nacieron hace más de cincuenta años como los ovnis y los fenómenos paranormales, han sido semilla, puestas a propósito para el despertar del siglo XXI. Los jóvenes ahora y siempre, se planteaban temas sobre la religión, los dogmas y la existencia de Dios. Ahora creo que eso era bueno.

Ser llamado ateo, que es el que niega a Dios, –pero ¿a qué dios menor niegan? ¿A ese que le presentaban en las escrituras, inverosímil, vengativo, castigador desde los primeros padres?– Era bueno porque el supuesto ateo, al menos se oponía a la idea que las iglesias le presentaban.

Las manipulaciones de la historia –y más de la historia sagrada– afectan a la totalidad de religiones. Todas trataban de contarnos un guión de lo que creen puede haber sido. De historias que se pierden en el tiempo, a veces nacidas de culturas y religiones más antiguas, egipcias, persas, sumerias... Nacieron las escrituras del antiguo testamento, de las cuales se empeñan los ortodoxos judíos de todos los tiempos, en decirnos que son inamovibles y reales. Posteriormente, los del nuevo testamento, escritos después de doscientos años de la muerte de Jesús, tratan de hacerlos «palabra de Dios», que hoy vemos como se repiten día a día en las eucaristías. Y en las demás religiones importantes como la budista o la mahometana, pasa lo mismo, pese el riesgo que se ofendan hasta lo inimaginable algunos de sus fanáticos seguidores.

El ser pensante ve y comprende las incongruencias que surgen en estos temas. Desde el bachiller sabíamos lo absurdo que eran ciertas cuestiones *tabúes* para las religiones. Dogma de fe viene a ser: «créetelo porque lo mando yo que sé la verdad y tengo el poder». *El poder de perdonar los pecados y dar los sacramentos que te salvarán.*

El dogmatismo de las religiones eran intolerantes con los hombres tanto las cristianas, como otras capaces de matar y torturar en nombre de su Dios o de Jesús que era y es el símbolo del Amor incondicional.

El buscador creía que debería haber un trasfondo que pocos veían y que no estaba en los dogmas que le imponían. Debía haber una verdad, una realidad diferente a lo ya expuesto hasta la saciedad. Los antiguos buscadores de esas verdades, encontraban un entramado en las religiones que se ajustaban a un *plan divino* pero que expresarlo podría acarrear la persecución y hasta la muerte.

Entonces nacieron las sociedades secretas. Sociedades herméticas como los Francmasones y los Rosacruces en occidente. El nuevo pensamiento se ocultaba para unos pocos. Una sabiduría aparentemente nueva pero que tenía origen en la más remota antigüedad, trataba de comprender los Planes *del Gran Arquitecto*.

El secretismo era necesario, teniendo en cuenta varios factores: uno la incultura de la mayoría, otra, el peligro de ser acusados de herejes o satanistas por un clero también fanático y con grandes miedos.

En aquellos tiempos, se quería imponer los dogmas que posteriormente separaron las iglesias cristianas, en las ramas ortodoxas, católicas y protestantes. El mal ejemplo de la política de la iglesia, amiga de poderosos y reyes, metida en intereses de poder y capaz de tener un gran ejército, como cualquier país. Apoyando intereses partidistas, cometiendo genocidios en nombre de no sé que causas.

Los cátaros y albigenses fueron borrados del planeta –motivados por cuestiones de posesión y poder– por el rey de Francia con la excusa y cooperación de la Iglesia. Lo mismo se repitió con la Orden del Temple, que ya eran molestos por su poder económico y que dejaban al rey de Francia en situación de moroso. Se conoce de sobra todo lo que pasó y como terminaron los templarios. Recientemente el poder pontificio, restauraba la dignidad y la inocencia de aquellos caballeros monjes. Después de todo hay detractores que culpabilizan a los del Temple de intereses torcilleros[1] y de dudosa ética. Dejémoslos porque ya ni la historia sobre ellos es fiable.

La humanidad daba palos de ciego y se aferraban a creencias que justificaban sus comportamientos mezquinos y muchas veces brutales, distantes de la doctrina del amor que el maestro proclamó.

En la edad media la Inquisición era el ejemplo vivo de la intolerancia y la brutalidad, que tenía lugar en toda Europa, y con más rigor en España. La persecución de brujas y poseídos por el supuesto demonio, siendo inconscientes que esa fuerza del mal estaba actuando en los jueces y prelados con magníficos resultados para *el oscuro*.

Pero un gran anacronismo continúa hoy en día dándose. Jesús predicaba y aconsejaba la humildad y el amor, como podemos ver en Mateos 23:8-12: «No te hagas llamar señor ni padre, ni maestro, porque solo el Señor es Padre...». Jesús en estas citas, dice claramente a sus discípulos que no buscaran nunca ser reconocidos como grandes señores, *ni ser llamados como padre, maestro o señor.* Les decía que no buscaran los primeros sitios en las sinagogas, siempre aconsejaba humildad, generosidad y servicio. Los títulos que la iglesia ostenta, no son banales. Estas cosas no son pequeñas, están llenas de significado alejados del amor y de la autentica humildad cristiana.

Pero así se han hecho y se están haciendo las cosas. Aun que hay que respetarlas porque a una gran parte de la población, los fieles,

---

1 Oscuros

les gusta este ritual. Mi opinión simplemente se basa en lo que la Iglesia realiza, frente la palabra de Jesús. Ruego perdón si ofendo algún fiel con mis comentarios.

Moisés –Mussa para los árabes– es el símbolo perfecto de la gran búsqueda y el encuentro con la verdad más grande contada desde antiguo a la humanidad. Él se encontró con él mismo, con su Ser Espiritual, con el *Yo Soy* que explica la metafísica[1]. Cuando tu ser divino se manifiesta se presenta como *Yo Soy*.

Es pues este libro un pequeño relato de la búsqueda de *la gran verdad, la misma que* Moisés descubrió hace más de tres mil años. Él demostró que los milagros que hacía se basaban en su voluntad y fe. No terminó el patriarca, padre de religiones, su camino. Ahora espera llegar a la gran Jerusalén, que era la promesa de hace miles de años. El círculo se cierra para él y para muchos. La vuelta a casa, a la tierra prometida, la nueva tierra que el maestro Jesús anunciaba profeticamente en el «Sermón de la Montaña».

✧

Cristina trabaja en el hospital donde trabajo habitualmente. Es una muchacha despierta e inteligente que siempre que puede y coincide en nuestro quirófano, me pregunta sobre temas espirituales y misteriosos para ella. Me hizo una pregunta que es una de las razones de escribir este libro. *¿Qué es la metafísica?*

Llamamos metafísica al estudio de acontecimientos más allá de lo físico. Sería el estudio de lo no material, de lo espiritual, de otra dimensión. Hay realidades, que no pertenecen a esta dimensión. Hay un ejemplo básico y sencillo que nos demuestra que pasa con

1 El nombre metafísica proviene del título puesto por Andrónico de Rodas a una colección de escritos de Aristóteles. Esto no implica que la metafísica haya nacido con Aristóteles, sino que es de hecho más antigua, dado que hay casos de pensamiento metafísico en los filósofos presocráticos. Aristóteles de Estagira habló, en todo caso, de una «filosofía primera», cuyo principal objetivo era el estudio del Ser en cuanto tal, de sus atributos y sus causas. Es una rama perteneciente a la filosofía que comprende dos ramas la 1ª Ontología que es el estudio del ser y la 2ª es la Teología que es el estudio de Dios.

la vibración atómica de la materia. Si vemos las aspas de un ventilador, son sólidas, con filo y cuerpo. Cuando empiezan a girar, las vemos difuminarse y hasta desaparecer. Solo vemos su reacción que sería el aire. Si aumentaran las revoluciones más y más, llegaría un momento que se transformaría en luz y se desintegraría. *Lo que no vemos, existe.* Cuando alguien incrédulo me dice *que si no lo ve no lo cree,* le contesto: *otro que no cree en los rayos equis*. Esta broma sé que tiene muy poco de seria.

> *Los que niegan por sistema aquello que no entra en sus mentes limitadas y limitantes, como las situaciones y realidades de la otra esfera como dicen los de arriba, se cierran las puertas al conocimiento. Cuando antes de la aeronáutica, los sabios decían que era imposible volar e ya veis.*

Se reconocen posteriormente como metafísicos, los llamados ocultistas y teósofos, estudiosos de lo espiritual que se apoyaba más en culturas hinduistas y budistas que en las occidentales cristianas.

A principios del siglo XIX nacía en Ucrania, Helena Blavatsky, hija de un alemán y una noble rusa. Fue escritora, ocultista, teósofa y fundadora de la Sociedad Teosófica. Nacía el movimiento Teosófico que fue el inicio de la apertura a los legos de misterios ancestrales que entonces se revelaban, seguramente inducidos o transmitidos por *maestros espirituales* de dimensiones más sutiles. La continuadora y también presidenta de la sociedad teosófica, fue Annie Wood Besant que murió en 1933. Posteriormente fue la escritora Alice Bailey, de nacionalidad británica, igualmente con obras muy importantes, murió en 1949. Esta señora, se comunicaba con un maestro tibetano. Fue una de las primeras telépatas que aportó enorme conocimiento espiritual. Ella hablaba de que su mensaje era para las generaciones que a partir de la segunda guerra mundial nacerían. Era una respuesta a un llamado de otra dimensión, para comenzar el despertar de las conciencias. Que coincidía con la guerra mundial , cuando la teosofía era utilizada desde Hitler hasta Mahatma Gandhi, Leadbeater, Sandino, entre otros.

Lo que comenzó entonces ahora se desborda en infinidad de personas que reciben mensajes y lecciones del otro lado de forma telepática. Lo más sorprendente es que el contenido los mensajes –recibidos en la actualidad, en grupos de todo el mundo– son idénticos en cuando al fondo.

En este libro, pretendo explicar de forma coloquial como la vida nos llevó a mí y a mi familia a alcanzar cierto conocimiento que abrió nuestras mentes y conciencias. Todo nos indicaba que la *Teoría del Caos* no se cumplía, porque era como si todo estuviera escrito en un guión, que nos llevaba a descubrir los secretos y misterios, que la vida oculta al que no busca.

> *En ese tiempo hemos comprobado que los designios de Dios sí son escrutables, cognoscibles, explicables, al menos, los más cercanos.*

✧

Soy médico especialista en anestesiología y he ejercido siempre en mi ciudad. Mi formación fue adquirida en tres colegios, terminando mi bachiller en el Colegio de los Jesuitas, dejando en mí una huella imborrable. Aun que solo estudié un año con los jesuitas –el preuniversitario– a ellos les debo mi proyección al estudio, observación e interés por lo espiritual. Nos dieron una formación humanística y preparación cultural de muy alto nivel. De hecho en mi promoción del 64, hay destacados abogados, médicos, ingenieros, arquitectos y catedráticos, en un porcentaje significativo. Yo mismo sin ser especialmente brillante, pude completar mi carrera de medicina sin otra dificultad que la económica.

Era hijo de viuda con muy escasa pensión. Eran años difíciles y para mi padre no lo fue menos. Éramos seis hermanos e yo era el menor, por lo que mi vida con mi madre fue más prolongada. Mi padre había sido médico otorrino y médico rural en el pueblo donde nací. Era un hombre muy versátil, muy buen médico en un tiempo en que el médico era generalista a la fuerza. Capaz de realizar una cesárea en una masía solo con los focos del coche, y ¡sobre una tabla!

Un hombre sociable, agradable amigo de todos, tanto que pese a tener una clientela particular selecta, apenas le rentaba para terminar el mes. Eran amigos y a los amigos muchas veces se *olvidaban pagarle*. De él aprendí muchas cosas. Su padre, mi abuelo había sido juez magistrado del Supremo. Vivía en Madrid cerca del Tribunal Supremo en la calle Argensola, mientras mi padre sin ayuda, estudiaba y vivía solo en Valencia. Sobrevivió como todos en su momento hacían.

Terminó la carrera brillantemente, siendo el número dos de su promoción. No tardó en casarse con mi madre que era hija del médico del pueblo de al lado, Godella. Este abuelo materno, era médico con un carisma especial y gran bondad. Amigo de pintores y músicos que ahora son importante parte de la historia de nuestra región.

Recordado este doctor Francisco Cabo por los más viejos del lugar con su figura delgada y su eterno paraguas en la mano, para protegerse del sol y la lluvia, como posteriormente hacía Vicente Ferrer en la India. La guerra civil truncó a todos sus vidas, mi padre fue obligado a enrolarse como médico, en una brigada famosa de los republicanos comandada por «el Campesino». Me imagino cómo lo pasaría sabiendo que entonces su padre el juez, estaba en la ciudad de Pamplona como magistrado y era amigo del general Mola, iniciador del levantamiento militar contra la República. Tiempos duros y difíciles. A mi abuelo el magistrado, lo castigaban los republicanos y le premiaban los de derechas en la dictadura de Primo de Rivera y la de Franco. En el comienzo de la guerra, el magistrado iba de un destino a otro, de Barcelona a Pamplona. Pero eso es otra historia.

Mi infancia transcurría sencilla, con una familia feliz a la que yo contemplaba con admiración. Vivíamos en una casona del siglo XVIII con patio de carrozas y caballerizas. Esta casa había sido residencia de la Iglesia y albergó a algún santo que otro. Mi formación religiosa fue convencional dentro de una ortodoxia católica. Era lo que tocaba, ir a misa, ayudar en la iglesia a aquel curioso cura párroco don Vicente Sorribes, al que sólo le parecía pecado el no hablar la lengua vernácula, el valenciano.

Mis recuerdos de las semanas santas, de las misas de las once los domingos, todo el pueblo creyente nos reuníamos en la iglesia y ese era el centro donde se conversaba a la salida y se comunicaban los últimos acontecimientos. Las misas en latín, que disfrutaba como monaguillo el contestar al sacerdote también en latín. Compartiendo luego de la eucaristía un traguito de vino de misa, el dulce de moscatel, con los demás compañeros monaguillos. Además de alguna travesura como trepar por los tejados de la iglesia –que fue convento de frailes– buscando nidos de gorrión y subiendo al campanario. Juegos realmente peligrosos que en nuestra inconsciencia practicábamos.

De pequeño recuerdo que los días se me hacían largos y monótonos, el silencio solo era alterado por el buhonero que cambiaba pieles de conejo por agujas de coser y útiles de costura. O por el vendedor de pescado que recorría el pueblo cantando las excelencias del pescado que traía de la Lonja de Valencia en un singular triciclo. Era tan apreciado este personaje que se quedó a vivir con nosotros en el pueblo. El Viti como le llamábamos era un ser entrañable, amable y simpático que daba un toque de color y alegría a aquellas mañanas monótonas.

El recuerdo vivo de una guerra aún cercana y que había decantado por un bando la balanza, hacían de mi pueblo como tantos otros un pueblo temeroso aún de las represiones políticas de un gobierno especialmente amigo y colaborador de la Iglesia, donde lo pertinente para que a uno lo reconocieran como un señor de derechas era ir a misa y a cumplir con todos los actos.

Mi entorno familiar era pacífico, dulce y protector hacia mí. Ser el pequeño de seis hermanos, tenía sus ventajas y desventajas. Pero felizmente aquella casa de mi infancia era tan grande que me permitía desaparecer de la vista de mi madre y del servicio durante todo el día. Solo la llamada de *a comer* me sacaba de mis juegos y aventuras sin fin.

Era piloto, médico y soldado... Y si tenía la suerte de compartir juegos con algún amigo –o con gran felicidad para mí con mi querido primo Paco– ya podía desaparecer durante todo el día. Mi padre era aficionado a tener animales de granja y eso nos obligaba a los pequeños a atender a los pollos y gallinas. Decisión poco acertada pues no siempre cumplíamos mi hermano e yo como se esperaba. Las picardías y travesuras eran corrientes como cualquier niño.

Los días tediosos, de calores y silencios en verano, mis soledades cuando jugaba, me ayudaban a entrar en una dinámica mental lenta, sosegada y dulce del ensimismamiento. En mi dormitorio había un cuadro que siempre contemplaba y estudiaba. Era un dibujo que representaba a un niño como yo con pelo rizado y rubio, al borde de un precipicio. Detrás de él, un ángel con las manos extendidas lo protegía. Estas láminas eran frecuentes al principio de siglo y a mí me causaba verdadera admiración y misterio. ¿Existiría el ángel de la guarda? Quería creer que sí. *Lo necesitaba.*

Quizás movido por mi temprana afición a lo nuevo y desconocido, mis intereses intelectuales de niño, me llevaban a leer libros de aventuras, siendo mis preferido los de Julio Verne, que como representante de los *acuarios,* señalaba un futuro magnífico y hacía soñar con mundos apasionantes. Los de Emilio Salgari, con las travesuras de aquel «Guillermo el travieso» y «Las aventuras de los cinco». No había televisión y sobraba tiempo para llenar con lectura y sueños.

De preadolescente, podía contar ya con amigos con los que compartir aventuras y cine. Ya más despegado de la casona, me abría al debate frecuente de temas aparentemente trascendentales y religiosos. Mi amigo José, era el hijo del farmacéutico del pueblo, mi gran amigo hasta que nos incorporamos a la universidad. Recuerdo las conversaciones ya como universitarios que alcanzaban un buen nivel, aunque hubiera sido necesario un árbitro que controlara las discusiones. Su padre don José María, hombre enorme con un corazón –acorde a su tamaño, fue como un padre para mí desde el momento en que falleció el mío– padre de siete chicas y dos varones, con una bondad y tan entrañable como su amada esposa Isabel. Mujer dulce, armónica, maravillosa madre y esposa. Pasé parte de mi juventud compartiendo con ellos mesa y experiencias muy enriquecedoras.

Pasaron los años y entré en la facultad de medicina cursando mis estudios, que realicé sin destacar sobremanera, marcando sin duda un interés superior ante temas esotéricos al margen de la medicina. Las circunstancias que me llevaron a ser médico, fueron de verdad curiosas.

Mi ilusión de joven, era cursar estudios en aviación militar y formarme como piloto. Conocía sin duda todos los prototipos de aviones que surcaban el aire. Sin embargo las circunstancias me llevaron a otro destino. Cuando realizaba mis estudios en el colegio de los Jesuitas, mi querido padre enfermó gravemente y muriendo a sus cincuenta y siete años. Meses antes, había soñado reiteradamente, encontrarme vestido con pijama verde en un quirófano. Decidirme por la medicina, fue más para poder darle a mi padre la satisfacción de hacerme médico como él, que por mi gusto o vocación. Le comuniqué mi decisión poco antes de su muerte.

Cuando analizo ese hecho –quizás no fortuito– veo las tramas que marcaban mi futuro. Dudo que como piloto hubiera tenido tantos momentos de entrega y amor incondicional como de médico. Todo se concadenaba, comenzando por conocer la compañera de mi vida, hermana de un compañero de curso de la facultad y que pasaba los veranos en mi pueblo, con la que comparto toda una vida sembrada de circunstancias maravillosas e hijos magníficos.

Ella fue desde nuestro noviazgo el apoyo y acicate en mi carrera. Procedía de una conocida familia valenciana de marcada religiosidad. Pronto me siguió en la aventura de nuestra vida que era ese despertar de conciencia. Nos casamos a los escasos tres días de haber terminado la carrera. Nos unía un gran amor y más grande ilusión por el futuro, no podía ofrecerle más que mi carrera y mi amor gran amor. Con la ayuda de los padres de mi esposa pudimos tener nuestro primera casa, un piso en la zona antigua de Ruzafa, conocido barrio de nuestra ciudad. Un piso ruinoso donde tuvimos que gastarnos la exigua herencia de mi padre arreglándolo y haciéndolo habitable.

Pronto llegaron los hijos que apenas se llevaban muy poco tiempo. Hice mi especialidad de anestesiología y reanimación, y encontré trabajo en un hospital de mi ciudad. Poco a poco me fui separando de la ortodoxia católica por abandono y falta de interés. Mis curiosidades iban por otros derroteros, temas esotéricos y la parapsicología. En el hospital en mis noches de guardia, eran frecuentes –cuando no había trabajo–, las conversaciones sobre temas curiosos con tinte mistérico.

A mis treinta años ya era jefe clínico de sección en mi hospital. Las tardes las dedicaba a acudir a hospitales privados a realizar mi función de médico anestesista en intervenciones de seguros privados, con muy escasos beneficios. La presión lógica de tener hijo por año, me obligaba a hacer en mi tiempo libre trabajos extras.

La juventud y la ilusión con mi familia me alentaban a seguir trabajando cada vez más. La resistencia que tenia, me permitía a veces descansar escasas horas. Eran frecuentes las urgencias nocturnas que terminaban a horas inciertas dependiendo de la gravedad de la intervención y de la habilidad del cirujano. A la mañana siguiente, debía estar en quirófanos y era asombrosa la capacidad que tenía para rendir perfectamente. Sin duda mi especialidad es de gran responsabilidad y compromiso vital con el paciente. A veces le comentábamos al paciente, que su vida estaba más en nuestras manos y que realmente el anestesista defendía la vida del paciente, ante la agresión –necesaria– del cirujano.

Las cosas no son ni buenas ni malas, simplemente son. Con tu forma de ver y tu experiencia las haces buenas o malas.

La verdadera belleza no está en el objeto, sino en el ojo que la mira.

Al leer este libro u otro que pretende enseñarte, no se te quedarán los conceptos y no se realizará el aprendizaje, hasta que tu propia experiencia te lo muestre.

Creces cuando la haces tuya, cuando te haces consciente de lo que estás leyendo.

La búsqueda comienza

En aquel tiempo –hace ahora unos 30 años– descubrí ya la relación empática con el paciente, las intervenciones variaban en complicaciones dependiendo del estado emocional del equipo médico: anestesista, cirujano y –supongo que también– instrumentista. El hecho era palpable y me llamaba la atención que aún poniendo el mismo interés, el día que estabas feliz y relajado, todas las intervenciones en las que intervenías, salían perfectas y sin problemas, y que mi estado de ánimo contagiaba a los demás. Era frecuente que las enfermeras de anestesia y reanimación quisieran estar conmigo, porque había paz y sosiego en mi quirófano y en reanimación no moría nadie en mi guardia. Pero eso es otra historia, que ya explicaré más adelante.

En mis guardias siempre hacía ronda por el hospital, coincidiendo que muchas veces, debía ejercer de jefe. Me gustaba –en las horas después de cenar o cuando el trabajo en quirófanos bajaba– visitar las plantas charlando con enfermeros y enfermeras. Éramos como una gran familia, y en ocasiones me contaban, problemas familiares y laborales, que sólo a un amigo contarían.

Una noche, nos pusimos a charlar un viejo conocido de la carrera, que por motivos económicos, se vio obligado a dejar medicina y hacer enfermería, carrera que le permitiría encontrar trabajo al poco de terminar. Ese compañero del hospital es boliviano, una persona muy interesante, un gran conversador, con gran riqueza vivencial.

En aquella noche mágica para mí, él comenzó mostrándome unas fotografías seriadas efectuadas en un lugar sólo conocido por magos y brujas de la comunidad. Situado entre montañas muy cerca de un lugar de peregrinación mariana llamado «Cueva Santa». Lugar alejado de centros rurales donde existe desde tiempo inmemorial un menhir que domina una gran explanada protegida por montañas de singular belleza. En la primera fotografía, aparecía una pequeña nube o bruma sobre unos matorrales junto al menhir. En las siguientes esa nube, tomaba forma hasta dibujarse una silueta humana, sólo el torso. Aquello me llamó mucho la atención. Conversamos sobre supuestas historias de fantasmas y posibles delirios del dueño de aquellos terrenos.

Aquellos momentos fueron el disparadero, el comienzo real de la aventura de *la gran búsqueda*.

Mi amigo, el compañero enfermero, me contó una historia realmente interesante. Desde hacía unos meses se reunían en un pueblo a treinta kilómetros de Valencia –y según contaba– se comunicaban con *un ser* ya fallecido y sólo con él. Una conocida familia del pueblo de los Serranos, habían tenido la desgracia de perder al más joven de sus miembros, un joven de veinte años de edad en un terrible accidente de tráfico. Me contó como un grupo de jovencitas haciendo el juego de la *ouija*, habían contactado con el joven desde el otro lado.

El ser que se manifestaba, pidió hablar con su madre, que en realidad era su tía, persona que lo acogió y cuidó de él como un hijo. Hicieron la comunicación con el chico al margen de las jóvenes, y esa comunicación semanal, duró más de dos años. Aquello me sorprendió sobre todo al leer el contenido de los mensajes de las reuniones. Eran palabras que calaban en el corazón y movían el alma. Le pedí al compañero la posibilidad de hacerle una pregunta al *ser*:

- Quiero hacerle unas preguntas, pero no las diré a ti. –le dije a mi amigo.

Realmente hice las tres preguntas mentalmente. A la semana siguiente, volví a la planta donde trabajaba el enfermero y este me dijo:

– Mira lo que dijo en nuestra última sesión: «Decidle a él, las respuestas a sus tres preguntas mentales».

Aquello me impresionó sobremanera. Pese a gustar mucho de historias extrañas o sobrenaturales, siempre en mí aparecía el investigador que precisaba saber la verdad. Mentalmente le di las gracias *al ser* y le dije mi nombre. A la semana siguiente, el compañero me buscó y me dijo:

–¿Tú te llamas Guillermo? Porque en la última comunicación *el ser* dijo: «Decidle a Guillermo...».

El compañero siempre me había conocido por mi apellido, según me dijo y no por mi nombre. Reconozco, que pese a todo lo que se mostraba, pensé si este amigo me mentía al decirme que desconocía mi nombre. Fácilmente podía haberlo preguntado anteriormente. Pesaba sin duda más en ver que *el ser* respondió a las tres preguntas que había formulado mentalmente, que ninguna otra cosa. En ese momento comprendí lo importante e interesante que sería estar en una de esas sesiones.

A la semana siguiente acudí a la reunión y quedé prendado de la belleza de los temas y de como *un ser* desde el otro lado nos enseñaba a comportarnos y crecer espiritualmente, con formas correctas y con gran amor.

Con el transcurso del tiempo, vimos como evolucionaba la sabiduría y los conocimientos que él nos transmitía. Siempre nos aconsejaba dejar el método de comunicación utilizado –la *ouija*–, pues lo consideraba atrasado y nos alentaba con la telepatía. Nos hacía siempre pequeños juegos telepáticos, y si realmente estábamos armónicos, adivinábamos la frase o el contenido. Salíamos de las sesiones a altas horas de la noche, pero siendo viernes, disponíamos del sábado para dormir y descansar.

Fue una profunda y dulce enseñanza que en el transcurso de dos años él nos ofreció. Nos introdujo realmente en la metafísica, citó el «Libro de Oro de Saint Germain», nos hizo trabajar y ser conscientes de lo que se cocinaba al otro lado en el plano espiritual. Nos abrió los ojos a la importancia de los cambios y de la transformación individual. No hablaba de religión ni dogmatismos. Recuerdo que cuando citaba a Saint Germain lo hacía tres veces explicándonos que en señal de respeto a su luz, su grandeza y su obra. Alguien le preguntó como citaría a Jesús Cristo y el rápidamente lo citó siete veces, diciendo: «Él es el más grande de los maestros».

Saint Germain fue un personaje enigmático en la corte del rey de Francia. Se contaba de él, que poseía grandes virtudes, excepcionales. Su vida sigue llena de misterios: sobre su origen, donde vivió, pero también sobre su profunda sabiduría y habilidades para la alquimia... Dicen que era un príncipe de Transilvania y se especula sobre su intervención en la revolución francesa –las palabras claves de la revolución francesa fueron «Libertad, fraternidad e igualdad», pero estas por desgracias no se entendieron, ni se cumplieron, pero seguro que fueron dadas por seres muy evolucionados y que adecuadamente vividas propiciarían el cambio tan necesario–. La cuestión es que se dicen muchas fantasías, con el fin de averiguar la identidad secreta de Saint Germain, este ser único.

Los viernes acudíamos por la noche a una casa –junto a los amigos de mi compañero del hospital– que se encontraba fuera del pueblo entre campos de cultivos. Nos recibían sus cuatro hijos y una cabra, que se metía en el coche nada más abrir las puertas del vehículo. En su gran cocina nos sentábamos alrededor de una gran mesa y comenzábamos las sesiones de auténtico trabajo espiritual, llenas de magia y misterio para nosotros. Aprendimos de forma muy práctica como realizar el cambio en nuestras vidas, para que de este modo se expandiera nuestras conciencias aún encorsetadas.

Los temas del amor incondicional y del perdón eran habituales. Cuando se despidió de nosotros, hizo una oración que resultó ser «La Gran Invocación» rezada y dedicada a nosotros: «Que desde el punto de luz en la mente de Dios. Amén. Que afluya luz a las mentes de estos mis hermanos...». Siempre que citaba el nombre de Dios, decía *amén*. Nos enseñó ritos prácticos para nuestro crecimiento y nos esclareció sobre la energía que movían los sacerdotes cuando realizaban *mudras* con las manos en las celebraciones de la eucaristía. Nos apercibía de problemas mundiales y nos animaba que estuviéramos conscientes y listos. Temas interesantes que explicaré al largo del libro.

En aquellos años, no conocíamos la «Gran Invocación», ni al maestro Saint Germain. Recuerdo que en una sesión me tiró de la reunión, pero lo hizo de tal forma que no me ofendió en absoluto. La razón fue que hice callar a mi esposa que apuntillaba algo y me interrumpía la atención a sus palabras. Me tiró por imponerle a ella que se callara y por no respetar su libre albedrío. Lo expresó con cariño y respeto, pero me pidió que saliese a la terraza de la casa donde nos reuníamos. Sin violencia alguna, comprendí y acepté la pequeña reprimenda. Su forma de expresarse era muy especial, respetuosa, amable siempre, como si se tratara del mejor maestro. Siempre nos quedaba después de la velada, una sensación de paz y armonía muy manifiestas.

Había leído algún libro espírita[1] con sus comunicados, y al compararlos me parecían tan diferentes, como el agua estancada de un charco y un afluente o fuente de aguas frescas y cristalinas. Asistí a alguna reunión espiritista como invitado que sin pertenecer al grupo, fui aceptado por consideración especial, supongo que por el hecho de haber practicado la sofrología.

Recuerdo con pavor aquella reunión espiritista, salí sobrecogido y asustado de la experiencia. La persona que me invitó y los demás participantes eran médiums y entraban en contacto con seres desesperados que no sabían donde estaban o que les pasaba. Algún ser malvado lleno de odio se manifestó por una joven aparentemente inocente y frágil. Fue escalofriante la situación, pero me hizo valorar lo que teníamos en nuestro grupo de nueva creación. Aprendimos la gran diferencia de conciencia entre un estado en la dimensión

1 *N. del E.: La literatura espírita es muy extensa. Se compone de cinco obras principales, también llamada codificación espírita, recopilada por Allan Kardec y una extensa obra complementaria con más de quinientos títulos canalizados principalmente por los médiums Francisco Xavier y Divaldo Franco.*

astral y el haber pasado el umbral hacia la luz. Comprendí que lo que estábamos viviendo nosotros, era inusual y extraordinario.

Un día le preguntamos al guía:

– ¿Es posible que entre algún espíritu en estas reuniones?

– Nunca en esta casa de Amor. –nos contestaba.

Él no tenía más remedio que comunicarse por medio de ese método primitivo y lento que era la *ouija,* mientras nos instaba a desarrollar la telepatía, tema que ahora es normal para nosotros, siendo actualmente nuestro instrumento habitual. El perseverar durante ese tiempo con los comunicados nos pareció un trabajo muy grato y ligero. Fue triste la supuesta separación. Nunca más se comunicaría de esa forma. Como nos dijo antes de despedirse, serían a partir de entonces los maestros los que nos formarían.

Los llamados *maestros ascendidos* los conocimos al adentrarnos en los tratados de metafísica en los que se citaban los siete rayos y las actividades de estos maestros con la humanidad. El primero fue a Saint Germain como del séptimo rayo, que era el del cambio y del perdón. Aprendimos que del *Padre Madre*, o *la fuente*, surgían siete rayos de energía de diferentes colores y propiedades, que eran llevados y controlados cada uno por un maestro distinto. Somos energía y de energía cualificada hablamos. Cada rayo tiene su *Choham* o maestro, su ángel o arcángel y su *Elohim*.

El maestro que descubríamos, Saint Germain, era el maestro del rayo violeta. Según aprendimos, estábamos en un momento del cambio y el rayo violeta era y es de gran valor para actuar en la humanidad y en el planeta, proporcionando la trasmutación de las bajas energías y cambio. Compramos libros y nos adentramos en los trabajos con los rayos como los de Cony Méndez y los de Summit University. Los dones del Padre, se trabajan de forma más eficaz y consciente utilizando mentalmente los siete rayos. Estos proceden de la fuente a la que nuestro ser pertenece. Somos hijos de Dios, hijos de la luz y podemos aprender a utilizar esas energías sagradas en ayuda de la humanidad. Ir más lejos que simplemente orar.

Si vas comprendiendo y asumiendo quien eres, el poder se manifiesta en ti. Los rayos actúan cuando son solicitados y ayudan a resolver muchos problemas. Sería interesante que investigases sus propiedades divinas. Ya no pido, solo *decreto* en nombre de mi *Ser Superior*, de Dios en mi, de mí Yo Crístico. Él es el Poder y suya es la gracia de hacerlo y Él eres tú. Pienso que no es importante creer o seguir a los maestros, para nosotros está claro y creemos en ellos, en la llamada Hermandad Blanca. Lo importante es el contenido de este movimiento más antiguo que el cristianismo.

Al lector le puede parecer extraño el tema de los maestros y los rayos de colores, no pido que creas sin comprender, pero es la evolución clara de la espiritualidad. Tú eres el que tiene el poder para manejar los dones del Padre. Solo que tienes que creerlo. Puedes comenzar con pequeñas cosas, como obtener plaza para tu vehículo. Deberías probar la ayuda del *Yo Soy* que está en ti. Él quiere que despiertes y entrará en el juego. A base de probar lograrás que se acerque a ti, y que se haga más presente en tu vida.

Fue importante comenzar a trabajar invocando ese rayo de acción violeta de transmutación y cambio. Recuerdo que se nos presentó la oportunidad de acudir en Madrid a una charla de metafísica de la escuela de Saint Germain. Nos hizo mucha ilusión comprobar que ya había en España un movimiento que seguía la filosofía y enseñanzas del maestro, y que al parecer tenían grandes conocimientos del tema. Nos fuimos dos parejas desde Valencia, para escuchar la conferencia y regresar esa misma noche, porque trabajábamos a la mañana siguiente.

Cuando llegamos a la ciudad –apenas conocíamos Madrid– aparcamos en un garaje público y nos aprestamos a andar lo que hiciese falta para llegar a la hora de comienzo. La primera sorpresa fue que se acercó una anciana y nos preguntó donde queríamos ir. Le dijimos que íbamos a un local en tal calle. Ella se prestó a acompañarnos hasta la puerta. La charla que impartía un joven brasileño, perteneciente a un grupo metafísico americano de la escuela de Saint Germain, conocido por la publicación de numerosos libros.

La conferencia nos pareció muy novedosa y fantástica, llena de misterios e inquietantes temas. Recuerdo que compramos unas cintas de dictados y meditaciones que oímos en el viaje de vuelta. Al salir ya de noche a las veintitrés horas, cogimos el coche del garaje y nos preguntábamos cual sería el camino para encontrar la salida hacia Valencia. En la misma puerta del garaje, un hombre que estaba recostado en la puerta, nos pidió que lo lleváramos, explicándonos que él vivía en la salida de Madrid hacia Valencia. Curiosamente él no había escuchado mi comentario de la dificultad de encontrar la salida hacia Valencia. *Este tipo de casualidad se volvieron frecuentes, sobre todo cuando estábamos armónicos y hacíamos algo positivo.* Estábamos felices de veras, el viaje nos resultó corto y agradable. Nos sentíamos embargados de un estado de armonía y felicidad muy notables.

Conocimos el lado oscuro que acompaña a estos movimientos de apertura de conciencia. Lo primero que nos sucedió fue que un periódico de la ciudad, nos citaba haciendo referencia a extrañas reuniones que se realizaban en un pueblo a treinta kilómetros de Valencia. Nos acusaba de magia negra y no sé cuantos disparates.

Pero lo que realmente hacíamos era una introducción orando al Padre y dándole gracias. Luego hacíamos una meditación y a continuación tratábamos algún libro o leíamos lo que nos daban telepáticamente los maestros. Eso era visto por el que ignora como algo malo y raro.

Averiguamos, eso sí, que estábamos protegidos y continuamos trabajando en la luz.

> *Vivimos alguna vez, como seres que habían estado íntimamente unidos al grupo pasaban al otro lado, alejándose de la luz. Nos dimos cuenta de la fragilidad del ser y de la gran oportunidad que se nos brindaba.*

Comprendimos que a ciertos niveles la caída se puede producir es incuestionable y que eso era una fase. Que algunos podían pasarse, al lado oscuro de forma similar a la película «La guerra de las Galaxias».

Pienso que toda caída es reversible, por muy bajo que caiga siempre podrá evolucionar y siempre hay oportunidad para volver a la luz. Comprendí algo que es evidente pero que no le damos importancia, *la fragilidad del ego*. Somos luz y sombra y esa condición es natural en la Tierra. *Que un ser se equivoque y se aparte de la luz es natural en esta dimensión.* Esta escuela te da mil oportunidades de hacerlo bien. Si lo haces mal no es importante ni fatal, solo es un error en tu formación y preparación para ser divino.

Un ser que se identificara como divino en su naturaleza, no puede ya hacer daño a su semejante de hecho, de palabra u omisión. Solo deberá aprender y practicar el amor incondicional. *Sin la ley del perdón no se superan los errores.* El «Padre Nuestro» como oración ya lo afirma. El poder del perdón va unido a una energía que cambia la oscuridad y transmuta lo negativo, esa es la luz del rayo violeta. El acto de perdonar, es un acto de amor –rayo rosa– y se une a la firme voluntad de que realmente perdono y olvido el mal –la voluntad es del rayo azul– esa mezcla de colores se parece al rayo violeta. *Si tú perdonas al que te ofendió a él le llega esa ley de amor.*

Hechos desagradables hicieron que el grupo como tal se disgregara. Continuamos teniendo gran amistad y amor con la madre de aquel ser que nos enseño tanto, pero era ya tiempo de caminar.

Con ella, pudimos contactar de forma muy fácil y curiosa con los *maestros ascendidos*: Luego de la meditación, invitaba a nuestra amiga Piedad, que se relajara, no pensara y dejara que le viniese a la mente lo que fuese. Entonces ella comenzaba a narrar cosas que veía y le enseñaban señores que le hablaban mentalmente. Le mostraron en siete semanas diferentes, los siete lugares etéricos uno para cada rayo. Aquello coincidía con lo narrado en los libros que luego leímos sobre esos lugares del planeta que se consideran centros de otra dimensión de los diferentes rayos. Cada maestro le mostraba curiosidades y enseñanzas muy valiosas. Ella desconocía esos datos, que sólo más tarde descubriríamos sobre los lugares etéricos de los siete rayos. Piedad es una mujer humilde, todo amor e incapaz de fingir o mentir. Era asombroso lo que veía y narraba.

A pesar de todo lo que aprendíamos, el grupo se fue disgregando poco a poco y dejamos de reunirnos después de cuatro años.

Nunca agradeceremos bastante a Piedad y Rafael su esposo habernos dado la oportunidad única de aprender y adentrarnos en este camino, que sé que muchos encontrarán extraño.

Continuamos con nuestra amistad que es muy fraternal, más que una simple amistad. Nuestro amor siempre estará con ellos.

> *Durante aquel tiempo fue mucho lo que aprendimos y una de las cosas que aprendí fue el idioma del cielo.*

Contactación

Quizás la primera vez que supimos sobre el contacto con la otra realidad y la comunicación directa con la *sabiduría de arriba*, fue cuando la hija de Piedad –la mujer que hizo posible que contactáramos con el que fue nuestro primer guía– nos comentó que estando con bolígrafo en mano, sobre un folio en blanco, le venían impulsos de escribir.

Cuando leímos sus dictados, nos sorprendieron mucho. La muchacha siempre dudaba de la autenticidad del mensaje. Comenzaba el escrito diciendo: «estoy más cerca de ti que tu propio corazón, que tu propio aliento». Este Ser se empeñaba en decir que era ella misma, que ella y él estaban unidos. Se empeñó la muchacha en pedirle un nombre, y él le decía que era ella misma –o sea *Yo Soy*–. Le llamó Herconito creyendo que era una entidad ajena a ella. Este *ser* hablaba con una sabiduría y amor enormes. Las pocas veces que tuvimos el placer de leer sus comunicados, nos enriquecieron mucho.

Ejerció como maestro. Nos tenía al corriente de asuntos transcendentes, como las veces que estuvimos cerca de la tercera guerra mundial. Recuerdo un comunicado que fue para mi de gran importancia, muy revelador; nos narró que existía un conflicto territorial o mejor dicho de aguas internacionales en el golfo de Sidra en la costa de Libia. La sexta flota de Estados Unidos de América quería pasar la línea aduciendo que estaban en aguas internacionales. Gadafi se negó y amenazó con contra atacar si pasaban la línea, de lo que los libios decían eran territoriales. Se creó una tensión enorme, pues la flota rusa que en esos tiempos apoyaba a Libia, estaba muy cerca.

Nos contó que al entonces presidente Ronald Reagan, le hicieron soñar lo que pasaría si daba el orden de cruzar la línea. También le hicieron soñar que el transbordador espacial Challenger estallaría en el aire nada más despegar. Y así sucedió, la Challenger estalló muriendo toda la tripulación el 28 de enero de 1986. Esta confirmación hizo que el presidente no diera la orden de cruzar la línea hasta después de quince días. Curiosamente entonces la flota rusa ya no estaba cerca.

También nos previno del peligro de cerrar el estrecho de Ormuz, y que si se cerraba estuviéramos juntos. Pensaban *los de arriba*, en las probabilidades de que una gran guerra y precipitaría la Tierra en *el armagedón*. Al poco tiempo el presidente de Irak promovía unas maniobras militares navales en el estrecho de Ormuz. Esta amenaza desencadenó la guerra de Irak y la eliminación del problemático personaje. Esto nos enseñaba, que arriba no sabían a ciencia cierta lo que el humano terminaría haciendo. Luego siempre ha existido el libre albedrío y el destino está en manos de los humanos.

Realmente era la primera persona que conociéramos que contactaba con su *Yo Superior* aunque rechazaba la idea. Su negatividad en aceptar aquella maravilla le llevó a dejar de recibir lecciones de metafísica de *aquel ser divino,* que era ella, por no aceptarlo, ni comprenderlo.

Aprendí que el contactado –ya sea por su *Yo superior* o por un maestro– no resuena igual. Cuando lees sus escritos y cuando habla la persona. Es un dictado diferente, más culto, amoroso, jamás metiendo miedos, aconsejando sin imponer criterios.

La hija de nuestra amiga, me decía que temía ser ella que inconscientemente, permitiese que su mente le hiciese esa jugada. Le asustaba, le incomodaba la responsabilidad. Para mí era una magnífica lección *sobre la forma de comunicarse del cielo.* Le daba más autenticidad el hecho de que ella lo rechazase, porque el dictado era claramente de sabiduría y gran amor.

Un tiempo después, formamos parte de un grupo de gente con intereses de búsqueda en mi ciudad. Personas bien intencionadas y con ganas de encontrar respuestas a sus preguntas. Nos reuníamos en distintas casas que se abrían para la reunión. Era diferente al grupo *madre* que habíamos dejado.

En este no se daban las comunicaciones ni enseñanzas hasta que conocí a nuestro amigo Manuel, un hombre singular que nos caló muy hondo, del cual continúo siendo amigo. En aquel tiempo, él se encontraba muy a gusto conviviendo con nosotros. No había excursión o viaje en que no contáramos con su compañía. Manuel es un hombre soltero, de mediana edad, con el corazón de un niño y sonrisa franca y sana. Despertó en mi gran curiosidad e interés por aquellos hechos fantásticos de los que fui testigo.

Manuel se hizo a sí mismo, hijo de un zapatero remendón y criado en el barrio chino de Valencia. Con su trabajo ayudaba a sus hermanas y madre, dándoles lo mejor que podía. Tenía una pequeña fábrica de perfumes y productos de peluquería que él mismo vendía por los pueblos de la provincia. Le solía acompañar otro ser especial, de gran bondad y espiritualidad natural –este ser que ya ha trascendido también se llamaba Manuel, como mi amigo– un ser tan espiritual, tan humilde y bondadoso que me hacían recordar las historias de los santos que leíamos de pequeños, en aquellas *historias ejemplares*. Aquel Manuel, andaluz de porte fino y delgado, mesurado en palabras, jubilado que siempre acompañaba al otro Manuel nuestro amigo, como un ángel guardián.

Recuerdo que empezaban el viaje, pidiéndole al Padre lo que tenían necesidad de vender para hacer frente las necesidades de sus vidas. Lo curioso era que siempre se les concedía la cantidad exacta que habían pedido. Esta realidad la comprobé muchas veces y analizándola comprendí que el estado que se podría decir de *armonía* o gracia o como quieran llamarle y una total confianza, hacía que el pequeño milagro se cumpliera. Un ser más egoísta y mundano, desearía riquezas y poder, pero nuestros amigos solo pedían cubrir las necesidades y daban gracias cuando lo lograban. A todos le puede funcionar, el único enemigo es la mente que trata de analizar y negar lo genial, lo inverosímil. *La receta es: fe, armonía y amor.*

Estando en el vehículo haciendo una excursión un sábado, Manuel e yo platicábamos sobre temas espirituales contándonos anécdotas curiosas. Él en un momento me comenta: «me dicen que...» y a continuación me dio diez o doce citas del nuevo y viejo testamento que tuve a bien copiar. Cuando llegué a casa y pasé las citas a limpio, en el orden en que le fue dado, se formó una carta coherente sobre el tema que estábamos hablando en el coche. Este acontecimiento se repitió con cierta frecuencia durante algún tiempo.

Este hecho me pareció tan grande e importante que no salía de mi asombro. Tal era la importancia del tema que lo comuniqué a los demás integrantes del grupo. Ellos no creyeron en absoluto que Manuel fuese un contactado.

> *Esto sucede a veces pues menospreciamos a aquel que manifiesta algo extraordinario porque sólo vemos con los ojos del ego. Tenemos un concepto pequeño y a veces mezquino de la persona y negamos a priori que pueda ser digno de recibir un comunicado tan lleno de luz. Es más fácil negarlo y suponer que todo es una patraña.*

En vano intenté convencerles y sucedió que a las pocas semanas, a mi hijo Pablo le dieron en medio de un examen de lengua, algunas citas bíblicas. Pablo tenía entonces diez años, y desconocía las escrituras. Tal es así que cuando vino del colegio, me dijo:

– Papa me ha aparecido en el colegio, en el examen de lengua, estos escritos que he copiado, parece una partida de ajedrez, porque dice *2.rey 5-6* una de tantas citas.

– No hijo, –le dije yo– quiere decir segundo libro de reyes capítulo 5 versículo 6.

Realmente ahora no recuerdo que versículos eran pero fue así. El grupo hizo oídos sordos a aquello y nosotros optamos por retirarnos de un grupo *que no tenía oídos para oír.*

Por mediación de Manuel, nos pusimos en contacto con personas de la ciudad de Sueca, y pronto estábamos formando un grupo para impartirles lo poco que sabíamos del mundo espiritual que habíamos conocido. Todos los miércoles hacíamos aproximadamente sesenta kilómetros, y retornábamos a altas horas de la noche, teniendo que trabajar al día siguiente.

Como era de esperar no tardaron en etiquetarnos –gente que no nos conocían– como secta o grupo sospechoso. Pese a contar con magníficas personas como las familias que nos abrieron sus casas y sus corazones, dejamos de ir para no perjudicar al dueño del secadero de arroz donde nos reuníamos. Fueron días felices, llenos de anécdotas. Era curioso según nos contaban nuestros nuevos amigos, la frecuencia con que en esta ciudad se practicaba la magia para conseguir por métodos poco claros lo que deseaban. También se practicaba reuniones de espiritismo. Temíamos que nos equipararan a grupos poco claros y con intenciones dudosas.

No podría hacer una valoración de la utilidad de nuestro esfuerzo en intentar abrir las conciencias. Jamás se hicieron contactaciones y actos que pudieran ser interpretados como dudosos o extraños. Solo explicábamos lo que entendíamos de la evolución del hombre para preparar el cambio que entonces ya se percibía.

Alguna vez tuve problemas al considerar las apariciones marianas que se daban en las cercanías, a través de un supuesto mensajero o intermediario o médium. Las clasifiqué como pura patraña, lejos del idioma del cielo. Estaban muy apartados de la verdad espiritual que ya conocíamos. Esto fue tema de enfrentamiento con algunos espíritus simples, que se empeñaban en afirmar que era la virgen la que pedía rosarios y capillas. ¡Qué lejos están los iluminados y seguidores de las apariciones marianas y Palmares de Troya! No sé a qué juegan con la ignorancia y sed de creer en algo espiritual de la buena gente. Cuando conoces el idioma del cielo, te das cuenta de los disparates hechos con la imaginación del supuesto contactado.

¿Crees de verdad que algún ser del otro lado, que esté en la luz o que sea un maestro, vaya pedir capillas y rosarios?

La pequeña revelación que tuvimos en el lugar de peregrinación de gran belleza como es Lourdes en Francia nos aclaraba aún más que es lo que pasó y pasa. Han querido mantener ese lugar por conveniencia y porque la gente lo reclama y necesita. Necesitan una esperanza que no niego, pero sí creo que la verdad nos haría libres a todos. Crear una esperanza es bueno y positivo, pero cuando sabes y comprendes cual es el destino del hombre, resultan inútiles muchas veces las actitudes de súplica de curación.

A los hechos me remito. La explicación puede ser de difícil comprensión a aquel que no está aún preparado. A un niño se le da la oportunidad de aprender a andar solo aunque corra el peligro de que se caiga. El ser humano es un Dios, debe descubrirlo y reclamar el poder que tiene. Esto es la gran verdad. Jesús lo sabía y lo enseñaba. El tema de la contactación, es hoy un tema extraordinariamente valioso e importante, para grupos e individuos que estén ya despiertos.

La telepatía es la forma correcta de comunicarse con las entidades –bien sean según algunos, extraterrestres, como seres de luz– que están protegiéndonos y educándonos. Os puede parecer arriesgado esto, pero tengo pruebas de que así es.

> *«No eludir responsabilidades, antes bien entregaros a la labor de ir ejercitando en vosotros el poder que tenéis de telepatía. La telepatía es un medio de comunicarse los seres avanzados en el sistema de la nueva era. Nada os ha de impedir esa comunicación perfecta, porque en ella se trasmite el pensar y el sentir en un solo acto».*

Comunicado recibido por Omaras[1]

1 Omaras es el nombre cósmico de uno de los miembros de nuestro grupo, nuestra amiga Amparo. Ella se comunica habitualmente con los seres de luz y es la

Ya nuestro guía hace más de dos décadas nos hablaba de los *pensamientos sentidos*, y les llamaba *pensimientos*. Somos creadores aunque no lo sepas. Cada pensamiento es una energía calificada que lanzamos al universo sea positiva o negativa. Esa energía será más eficaz si el que la lanza siente lo que dice. Si mandas un pensamiento negativo a alguien que odias, tendrás que saber que esa energía llega y rebota como un boomerang. *Aquí tenemos el principio de la ley de causa y efecto.* Si deseas el bien o mandas pensamientos sentidos de amor a tu enemigo, llega y rompe las malas vibraciones que se habían generado. Jesús lo enseñaba «*haz el bien a tu enemigo... ama a tu enemigo*». Esto rompe la negatividad y hace que te vuelva bien. *El amor es la energía más poderosa que existe, porque es una cualidad divina.* Es el principio de la magia, del *mal de ojo*, de los trabajitos y de las bendiciones en el polo opuesto.

> *Mejor utiliza la magia del amor en positivo y los frutos son magníficos.*

Actualmente estamos en un momento de cambio dimensional de la Tierra y parece ser, de todo el sistema solar. Es un hecho tan importante, que las inteligencias hermanas al otro lado del velo, los llamados *hermanos de las estrellas*, manifiestan el deseo y la necesidad de revelar, de comunicar lo que estaba oculto. Las escrituras ya decían «que hasta las piedras hablarían...» y así esta sucediendo en las piedras de los Mayas y en Egipto. Aquella gran sabiduría se despierta y se entiende. El contactado es un canal limpio sin un ego prominente. Si hay ego ya no es válido, si hay beneficios y negocios mundanos ya la fuente no es lo limpia que se esperaba.

¡Cuantos escritores posiblemente contactados, pretenden perpetuar su éxito de ventas inventando historias que no pasaron, anteponiendo el interés a la verdad! A ese se le cierra la comunicación y así sucede en todo el mundo. Este fenómeno es mundial

---

que nos transmite los mensajes de arriba. Ha sacado a Internet muchos de los mensajes que yo transcribo parcialmente. «Isomer y Omaras» es la reseña para poder leer sus escritos.

y el mensaje es coincidente. Creo que es un gran motivo para pensar ya que esto no es una patraña y abrir las conciencias torpes y dormidas.

Me gustaría gritar tan fuerte que todas las conciencias de los hombres escucharan.

Seres de dimensiones diferentes a la tercera –nuestra dimensión–, están esperando el transito a la cuarta y quinta dimensión de la humanidad y este evento es muy importante en el cosmos. Ellos son muy conscientes de nosotros. Son seres de amor incondicional y no lo que están intentando hacernos ver, contaminando nuestra imaginación con películas monstruosas que ponen a los hermanos extraterrestres como seres egoístas y peligrosos.

Diseminando ese concepto entre la población –si se cumpliese el *Plan de Evacuación Mundial*– solo intentan expandir el miedo de la parte oscura para que nadie se marche con los salvadores. No es ilusorio lo que manifiesto. Desde hace muchos años conocemos el plan de evacuación y el poder oculto también lo conoce.

Conocemos la profecía de los tres días de oscuridad, profecía que los seres de luz reiteran como cierta. Será el cambio dimensional de la Tierra y de la humanidad a esa nueva tierra que Jesús ya anunciaba en el «Sermón de la Montaña». Esa tierra que heredarán los mansos de corazón, los misericordiosos, los pacíficos, la buena gente. Así de fácil es el mensaje.

Esos tres días de oscuridad tienen su razón cósmica y nos aconsejan que no temamos, que es inevitable para el cambio, provocado por el cinturón de fotones.

Se barajan muchas teorías sobre esos tres días de oscuridad pero sería mejor no especular más sobre ese tema. La vida nos enseña a confiar en nuestros maestros y no temer.

Actualmente el tiempo del *apocalipsis* o revelación coincide con el fenómeno de Internet que difunde tanto las verdades reveladas por seres de séptima dimensión como comunicados manipulados por seres que no desean el despertar de conciencia.

Un pequeño ejemplo de hace escasos días. Mi hija Amparo es maestra infantil y de Reiki, ella cuando realiza trabajos para ayudar a alguien, medita primero. En ese estado de elevada vibración de amor, es frecuente recibir mensajes de otras esferas, del Yo superior de la persona del trabajo o en otras situaciones, mensajes angélicos.

Recibió últimamente un mensaje de *un ser* el cual ella desconocía el nombre por completo. Su nombre Kyrael. Le dio un mensaje particular para ella que no debo transmitir sin su permiso. Lo curioso y a eso me refería al hablar de la comunicación por Internet, es que ella buscó ese nombre en la red y apareció que era un ser de séptima dimensión que ayuda a la humanidad en el cambio dimensional de la Tierra. Gracias a la gran red de comunicación, es el tiempo perfecto donde una noticia se expande por el mundo a una velocidad pasmosa. Los que conocemos en la red a grupos de metafísica, vemos que muchos grupos cerrados manifiestan su dogmatismo y su verdad como irrevocables. Son humanos y sus egos continúan funcionando.

Sólo el amor incondicional, es la clave para descubrir la verdad.

Esa verdad de lo que pasará en el *Gran Cambio* que se avecina a pasos agigantados. Es pues un instrumento magnífico de comunicación como jamás el hombre había soñado.

El milagro

Quiero contaros un hecho que sólo mi palabra puede corroborar su veracidad. Era verano, como otros años habíamos alquilado una casa en la playa cercana a Valencia en el pueblo del Perelló. Una vez instalados, decidimos marchar de excursión unos días a Lourdes en nuestra autocaravana –un vehículo que nos ha permitido durante muchos años viajar y hacer trabajos en Europa–.

Después de haberme comprometido con mi esposa e hijos, me di cuenta, el día antes de salir, que mi economía por asuntos no esperados, me impedían realizar la excursión, pese a necesitar solo lo imprescindible para el carburante y algún imprevisto, gracias a que las comidas las teníamos resueltas con nuestra *cocinita* y reservas de alimentos.

Le pedí a mi hijo Pablo que me acompañara a visitar a un compañero de trabajo, que me debía la cantidad de veinticinco mil pesetas. Este amigo vivía durante el verano, en un apartamento en el canal junto al mar. Le comentaba a Pablo, lo que es el poder del *Yo Soy* y la importancia de confiar en él. Llegando al apartamento de mi amigo, lo vi tomándose una cerveza tan cómodo en su terraza. Decidí entonces que era motivo de lección para mi hijo y sin más dimos la vuelta y nos fuimos a casa.

Al día siguiente subimos en el autocaravana, y salimos sin muchas reservas dirección a Francia. Mi querida esposa Amparo acostumbraba a leerme temas metafísicos interesantes mientras conducía el autocaravana –esto me hacía más agradable el viaje–. Recuerdo que empezó a leerme una revista de una sociedad teosófica venezolana de Carola de Goya, seguidora de la famosa Cony Méndez, la maestra de metafísica *con palabras de a centavo*, como ella decía. De pronto vemos que de la revista, caía algo al suelo del vehículo. Se agachó mi esposa y la gran sorpresa fue que lo que había caído, eran veinticinco mil pesetas, justamente la cantidad que necesitábamos para el viaje. La sorpresa fue enorme y no sabíamos si llorar o reír. Al final fue la risa de felicidad la que dominó.

Le di como no, mil vueltas a la memoria para tratar de comprender y recordar si alguna vez habíamos dejado el dinero oculto. Aún ahora después de tanto tiempo continúa maravillándome aquel hecho. ¿Es posible que algún día en estado inconsciente me levantara y metiera el dinero en las revistas de metafísica? Lo grandioso fue que apareció cuando lo necesitábamos.

Fue una gran lección de fe que en ese regalo nos dieron. Comprendimos que para despertar el poder o más bien para que el *Yo Soy* actúe, precisa solo que confíes. Confiar es actuar sin tener en cuenta la razón que te diría que eso es imposible. No habíamos pedido el dinero, solo que confiamos que se solucionaría.

> *Todo ha sido un juego para encontrar la gran verdad, ese código de Moisés que ahora se desvela: Yo Soy el que Soy. Para mí es la Gran Verdad que se manifiesta a los hombres en época de Apocalipsis o de revelación.*

Hay una actitud, una forma para que se manifieste el milagro en nuestras vidas. Como decía es un juego, el gran juego de nuestras vidas. Todo lo que nos pasa tanto calamidades y pruebas, están, no por decisión de un Dios caprichoso o tiránico, como nos han contado de pequeños.

> *Siempre ante un misterio, al preguntarse el porqué de la injusticia y del dolor de tantos pueblos –sólo este tema requeriría un libro entero, pero en la simplicidad más pura– se podría decir que todo es una lección para retornar a nuestra esencia divina.*

Dicen las Escrituras, que Adán y Eva fueron expulsados del paraíso. La verdad no sería esta según creo. *La humanidad primigenia en la*

Tierra, expulsó a Dios de su vida. Al dejar de lado su parte divina e integrarse de lleno en el mundo ficticio de las emociones, apartó la esencia del *Yo Soy* que es el que se presenta a Moisés en la zarza ardiendo.

A Moisés, porque era él que tenía que reiniciar la vuelta a casa, a la *Tierra Prometida: Palestina*, que percibió antes de desencarnar en el monte Nebo. Pero pienso que la aventura continua hasta nuestro tiempo, en que se repite la vuelta a la Jerusalén Celestial según las profecías: *que como antes fue, ahora vuelve a ser.*

Hace unos pocos años estuve con mis hijos en el Sinaí y en el monte Nebo. Desde el monte se ve Jericó, el río Jordán y Jerusalén, el oasis de Jericó, el mar Muerto al sur, al oeste el valle del Jordán y las montañas de Judea y Samaria. Hicimos un trabajo mandando luz rosa de amor a toda Palestina, a la zona más caliente por el desamor de la Tierra. Ahí sellamos el trabajo[1] que vinimos a hacer en Egipto y Jordania. Todo encaja como en un puzle maravilloso y poder verlo me llena de alegría.

Como explicaba antes, los rayos que invocamos tienen cualidades. No es casualidad que el del amor sea rosa, como el de la salud y verdad sea el verde, o blanco el de la pureza y amarillo el de la sabiduría.

> *Podemos pedir que Dios mande paz a los territorios en conflicto, pero lo más perfecto,a es que seas tú en nombre de Dios que está en ti y que tú eres, el que invoque y mande la energía trabajar. Ya los maestros y ángeles manejaran esa energía que mandamos con su sabiduría. Los que llamamos los de arriba, colaboran en nuestro cambio y ayudan, pero es fundamental la presencia y actividad humana para solucionar problemas de la Tierra.*

---

1 Ese trabajo fue realizado el 3 de enero del 2010 y más adelante en el libro, le dedico un capítulo.

La oración es siempre útil e importante, diga como se diga, en latín o en francés, en sánscrito o en español. La ,mejor forma y más eficaz es cuando trabajas invocando en nombre del sublime amor.

El código de Musa –Moisés– se repite en nuestras vidas marcándonos el camino hacia el corazón.

El niño interior

Cuando se utiliza la lógica y la mente, cerramos la puerta a lo maravilloso, a lo mágico. La mente es un instrumento del ego, que nos limita con su *cordura*. El significado de *ser como niños para entrar en el Reino de los Cielos* es una verdad que nos indica que la inocencia y la fe son el camino para comprender y romper el velo que separa un mundo del otro. El código de Moisés –Musa–, es el gran juego. Ser como niños es muy importante porque sólo un niño entraría en el juego de la gran adivinanza de *¿Quién soy yo?*

El niño aprende que él puede ser aquello que desee, el animalito, el guerrero, el rey y el esclavo... En su juego fantástico descubre el gran misterio de la metafísica y de la vida, *que tú eres Él y Él lo es todo*. El niño dice: «Yo soy el árbol, yo soy un conejo, yo soy tal personaje...». El niño no se limita porque aún no le han roto su fantasía y creatividad en una supuesta farsa y patraña.

El adulto tiene miedo a las videncias y fantasías del niño y se empecina en desmontarlas. Lo encierra en un mundo donde ya no es el árbol, ni la ardilla y aquello que soñó o dice que vio era ilusión. Aquel niño se queda dentro de nosotros, dormido y olvidado. Solo recuerdos se asoman a nuestra mente creando nostalgia y cierta tristeza. Ese niño interior permanece en ti, en tu mundo interior y está vivo, quizás dormido pero esperando ser despertado y revivir lo fantástico y sin límites que era su vida de juegos.

Hace un tiempo realicé un trabajo de interiorización y percibí a mi niño interior. Lo vi dormidito debajo de una cascada sobre una losa fría. Lo había abandonado. Él solo esperaba que lo despertara y jugara a crear mundos. Lo percibía como yo era a los cinco años, con el pelo muy rubio casi blanco y muy rizado.

He descubierto que nuestro mundo es de una riqueza fantástica y que en nuestro ser está presente el niño que somos y no sólo el que fuimos, el adolescente y todos los *yos* que hemos vivido. Todo nos marca y enseña, de tal manera que están muy presentes los traumas y las alegrías. Pese a tu edad eres aquel niño y aquel joven.

En una ocasión, jugando a la búsqueda de tu niño interior, ayudé a mi amiga Omaras a contactar con su niño interno. Ella no lo tenia dormidito y solo como el mío, el suyo le hizo reír tanto que hasta le saltaron las lágrimas de la risa. Le decía que éramos tontos de tomarnos todo tan en serio y con tanto dramatismo, que la vida es un juego y es alegría y no paraba de hacerle *petorretas* y saltar de un lado al otro como un niño travieso que te invita a jugar con él.

Cuando nos ponemos solemnes para rezar o pedir, les hace gracia a *los de arriba* por esa seriedad. Siempre cuando dirijo un acto de oración o petición me pongo solemne y mi hijo mayor me cuenta que *los de arriba* se ríen de nuestra seriedad –la realidad que él capta de la otra dimensión–.

El concepto de la vieja escuela hacía que estuviese lejano e inalcanzable *el Ser* al que implorábamos. No sabíamos que está tan cerca como nuestro propio aliento. El pensamiento *de arriba* de los que llamamos maestros ascendidos y seres de luz, es alegre y viven con la conciencia clara de que ellos son Él.

Mi amiga Omaras me contaba que desde pequeña en el colegio le entraba ataques de risa que no podía contener y más cuanto más solemne era la misa. Este hecho lo recordó cuando en el centro de reunión que mi hija regenta, tuvimos una charla de Carlos, un ser especial formado en la cultura budista. En la reunió a mi amiga le dio otra vez el ataque de risa que no podía controlar. Fue entonces cuando recordó el episodio de risa en el colegio. El mensaje de estos hechos es el mismo, a *los de arriba* solo la alegría el desenfado es la tónica, tanto cuanto el amor y la tolerancia.

Tanto tiempo viviendo en sociedades religiosas restrictivas, solemnes serias, que se empeñan en recordar el martirio y muerte de Jesús. Intolerantes, justicieros y castigadores. Es tremendo el tema de las solemnidades, una mariposa es solemne? Es el canto del pájaro serio y triste? No.

De la misma manera las vidas pasadas continúan siendo presentes en nuestro ser. Nos marcaron, forjando nuestro carácter, hasta nuestras manías y fobias. Lo que espera la vida de ti es que recuperes la conciencia del continuo presente, que seas capaz otra vez de ilusionarte y de creer en los dragones y los caballeros, porque tú fuiste uno o muchos.

Tu niño espera que juegues y rías, el joven que te ilusiones y te enamores y sobre todo que retornes a disfrutar del presente y rías... eso lo quiere *tu Ser* y eso te hará feliz y curará tus males. Tu niño,o niña interior, es el Dios interior que quiere crecer jugando y la razón no le ayuda, le aparta y aleja.

«Dejad que los niños se acerquen a mí...»

En el camino en busca de la verdad

Se dice que la verdad nos hace libre, pero el hombre ni siempre la busca o la desea. En el mundo espiritual es así. Temen perder pie de sus creencias y despeñarse. Pienso que la religión es buena pero te limita. Todas las religiones lo son. Todas enseñan dogmas y reglas que te indican un camino del que no se ha de salir. Si se sale las consecuencias son tremendas.

Pero pienso que la religión es un mojón en el camino que te indica en que kilómetro estás, pero es absurdo que te sientes en él y no continúes el camino. Comprendo que depende del nivel de conciencia y que no siempre va parejo con el de inteligencia, preparación y cultura.

El mojón puede ser cómodo, confortable, o llenarte de inquietud y miedos, pero ahí no está la verdad. Como a los párvulos se les cuentan hechos que son manipulados pero que no resistirían un análisis coherente –sé que entro en controversia al citar a los párvulos–, resulta que un catedrático de derecho, un notario o un arzobispo, pueden ser párvulos en evolución espiritual.

He conocido jóvenes con una capacidad inmensa de ver y comprender los misterios que están vedados aparentemente a los *sabios*. Cuando hablo de temas que llamamos metafísicos me asombran los jóvenes que lo asumen y comprenden con gran naturalidad como si fuese su condición innata, tener la conciencia abierta, para entender y asimilar las verdades eternas que ahora en época de *apocalipsis* se revelan.

La forma de sentir o evaluar, que algo es acertado, es aprender a ver y comprender con el corazón. Siempre me ha llamado la atención, que la verdad espiritual se daba con facilidad, a los seres más limpios y puros. No a las mentes analíticas y concienzudas que pasan por el *tamiz de la razón* todos los acontecimientos fuera de lo habitual y comprobable.

Volviendo a nuestro gran amigo Manuel, él tenía los requisitos para ser un contactado. Dicen que los locos y los santos reciben voces y mensajes. La gran diferencia, es que el loco lo que percibe, viene de una puerta abierta al astral que es un mundo de confusión y desamor –como en aquel episodio con los espiritistas– donde el agua está estancada y a veces putrefacta.

Manuel jamás ha presentado un cuadro de enfermo mental. Su vida es sencilla y equilibrada. Sigue siendo el niño grande que fue y que le abrió las puertas a que las fuerzas espirituales, llamémosle de su guía, ángel o de su *Yo Divino*. Él no se cuestionaba quien era el emisor del mensaje, si era el Padre o algún otro. Solo sé que *tenía oídos para oír,* para captar el mensaje y que este era coherente, de amor y exacto en su cumplimiento.

Siendo yo más racionalista, me veía obligado a analizar cada tema y situación para tratar de descubrir si era un mentalismo del supuesto contactado o si el mensaje era real.

Sé que era imposible que un falso contactado, compusiera un escrito coherente y correcto citando citas del antiguo y nuevo testamento. Poseo varios cuadernos de estas citas tratando temas diferentes. Sé que era autentica la comunicación telepática y para mayor demostración, posteriormente se le daba a mi hijo Pablo de diez años las citas que apuntillaban el tema que le daban a Manuel.

Así fue durante años, que a Manuel le daban una lección en un par de frases y a Pablo las citas que hablaban del tema. Era tan frecuente el hecho que apenas le dábamos mucha importancia. Ahora sabemos que existen infinidad de contactados en todo el mundo.

Hay un gran movimiento internacional, los temas se repiten, los mensajes son coincidentes en Argentina México, Chile, como en España, y en todo el mundo.

El cielo necesita el contacto

En cierta ocasión mi hijo mayor Guillermo e yo, conversábamos sobre temas espirituales. Él me contestaba con una sabiduría que me desconcertaba. En aquella ocasión le pedí que me dijera quien era el que le daba la información.

– ¡Que más da quien, lo importante es el contenido! ¿Qué importa si es un maestro o tu *Yo interior*? –me contestó.

Le insistí que preguntara quien era. Al cabo de un tiempo, unos minutos me dijo que le había venido a la cabeza el nombre de *Sananda*. Mi hijo tiene la bendita cualidad de practicar de forma natural la recepción por telepatía de seres de luz y de su Yo Crístico. Él desconocía quién era Sananda: Yo sí lo sabía, y me parecía muy extraño. Pusimos en el ordenador la búsqueda del personaje. Resultó que según los metafísicos y en el mundo esotérico, el nombre de Sananda, es el que ahora posee *el Ser* que fue Jesús. Según los seguidores de este personaje, se dedica a preparar *el Plan de Evacuación Mundial*.

Este plan se nos había informado en otra ocasión y lo conocíamos. Dicen que *Sananda* es el encargado de evacuar de la Tierra a los elegidos ante la posibilidad de un gran peligro para la humanidad, por causas geológicas o humanas de destrucción. Es un tema que al que lo desconoce puede alarmarle o sentir un claro rechazo ante esta idea. No les culpo, yo sin estos conocimientos, también pensaría que son patrañas.

Cuando estábamos leyendo la información sobre Sananda, llamaron a la puerta de nuestra casa. Era una pareja que dijeron haber sido enviados por una conocida que estuvo la semana anterior con nosotros. Era la hermana de aquella conocida, una señora que sin tapujos ni vergüenzas, se presentaba en casa buscando no se qué. Lo curioso fue que al decirle que estábamos buscando datos de un personaje, nos contó una historia que me impresionó fuertemente.

Esta señora, hacía un tiempo, vivía en Madrid con su esposo un militar de muy alta graduación y sus hijas. Nos contó que estando en Madrid, su hija iba a montar a caballo. Esa tarde al volver, su hija vino contando que se le había presentado un señor extraño. Piel dorada por el sol, cabellera blanca y larga, vestido al estilo hindú. Este señor le dijo a la niña que quería conocer a sus padres y sobre todo a su hermana con discapacidad.

Al cabo de un tiempo, llamaron de conserjería, diciendo que había un señor que deseaba subir a saludarles. Cuando llegó el señor, la niña con alto grado de discapacidad, comenzó a gritar y correr. Según nos contó la madre, la niña sufrió daño cerebral por una caída accidental de bebe. Lo curioso es que se trataba del mismo hombre que su hija había visto aquella tarde y con quien había dialogado. Este pronunció unas palabras en un idioma que desconocían y la niña se calmo y durmió. Al finalizar la visita, le preguntaron su nombre y él les contesto:

– Mi nombre ahora no les dirá nada, pero quizás dentro de algún tiempo sí. Mi nombre es Sanat Kumara. Lo más impresionante para nosotros fue que el siguiente nombre de la lista donde aparecía Sananda en el ordenador, era Sanat Kumara. Ellos desconocían quien era ese señor y justamente vienen a mi casa en el momento que estoy buscando los datos *del Ser*, que se comunica con mi hijo.

Sanat Kumara es el maestro ascendido que representa la jefatura de la ciudad de Shambala. Ciudad etérica que dicen está en el desierto del Gobi. Es el que cita la biblia como *el Anciano de los Días* el que ha de dar el poder y el cetro al que ha de venir, al Mesías. Volví a encontrar el nombre como *Anciano de los Días* en dos ocasiones más, una en un dictado a nuestra amiga Piedad a la que le daban mensajes telepáticos después de despedirse nuestro primer guía. El otro a unos amigos que estuvieron en Perú intentando encontrar la ciudad perdida del Paitití.

Les dieron un mensaje telepático y se despidió como el *Anciano de los Días*. Ellos también desconocían quien era el personaje. La casualidad no existe y sé que aquello estaba predestinado. Justamente después de leer los temas de Sananda, le comentaba a mi hijo quien era Sanat Kumara y entonces aparecen unos señores desconocidos, contándonos la historia que les ocurrió. Los entresijos de la vida llevan una intencionalidad que con el tiempo descubres. Os puede parecer pretencioso, pero hoy sí comprendo que está pasando y porque estas *causalidades*.

Existe un despertar cada vez mayor de conciencia. En el llamado otro lado, hay una gran necesidad de contactación con los hombres y se ha utilizado hasta los avistamientos ovnis para despertar interés. El gran cambio vibracional de la Tierra es complejo y precisa un número de seres despiertos que trabajen por el cambio. Un número crítico que se cita en las escrituras de ciento cuarenta y cuatro mil elegidos. Alguna rama religiosa cree que son ellos los elegidos. Bien creo que ellos no lo entienden. Parece ser, que el cambio dimensional de la Tierra precisaba la colaboración y trabajo de hombres que fuesen conscientes de ayudar a la Madre Tierra y que se implicaran en el cambio. Es una cantidad crítica necesaria para que marche bien el cambio.

Hombres y mujeres despiertos son necesarios en estos tiempos, para formar una masa critica y que se expanda la apertura de conciencia. *Y ese número parece claro que ya ha sido sobrepasado.*

En mi entorno, las mujeres son como mucho más adelantadas, que la mayoría de los hombres. Son más intuitivas y eso es una cualidad *del Ser.* Son más trabajadoras y están gestando el cambio, y la fuerza femenina es pieza fundamental en el proceso. Podéis observar el número de mujeres y de hombres que acuden a temas de la nueva era, a conferencias metafísicas o de autocrecimiento. Si realmente entramos en una nueva era donde predomina el lado femenino, todo lo positivo como la intuición, el amor la ternura serán las armas de esa nueva era que despierta.

El contactado es un ser normal en su vida, con su parte de luz y de oscuridad. Si su comportamiento fuese egoico, le gustara la relevancia, sentirse centro de atención o elegido, te haría dudar de su autenticidad. Aunque fuese autentico el que contacte, lo emborrona con su ego, con su pensamiento y conceptos. Cuando lees un escrito de estos, si lo conoces, te da la impresión de oírle hablar como habitualmente habla. Cuando lees el mensaje de un contactado puro, el mensaje no te resuena como él habla, se expresa de forma diferente. Es *otro ser* el que dicta el mensaje.

Los mensajes *de arriba* son respetuosos con el humano. Advierten sin amenazas, estimulan con amor y justicia. No son catastrofistas ni mencionan negatividades. Por ejemplo ante catástrofes su mensaje sería: «veréis situaciones y acontecimientos duros. No temáis, es necesario que estos hechos pasen...».

Posiblemente la práctica sea la mejor forma de discernir la autenticidad del mensaje. La fuente de estos temas puede no ser de luz y amor. Hay intereses no claros para marear al lector del mensaje, sea de origen extraterrestre o angelical... Pueden aparecer mensajes que no son reales y que manipulan, por esto es importante que la persona abierta al mensaje telepático, sea un canal limpio, con costumbres de meditación y armónicos en sus vidas.

No es lo mismo aquel que posee el don de la visualización o precognición que el canal. Es corriente que el contactado de la luz, dude de la autenticidad del mensaje y exprese su preocupación de si es su mente o no la que habla, como le pasaba a la hija de Piedad, aquella madre del primer grupo que cite con anterioridad. Ya con la práctica desaparece ese temor. Es normal que así ocurra.

> *La autenticidad, debe ser sopesada por el corazón. Te puede resonar en tu interior o no. Que resuene bien en tu corazón es más importante que el análisis de la mente. Siempre aconsejo que sean prudentes.*

La meditación el instrumento del alma

Tenemos una cualidad, quizás la más importante, y es que podemos estar en comunión con nuestro Yo Crístico que es la chispa divina, la esencia divina que está en la verdad y sabiduría. Es la intuición su forma de hablarnos. La intuición no es la razón, es la impresión que viene del corazón, no de la mente.

Por eso es tan importante escuchar, atender al corazón. Ante una situación, con voz callada, sientes la respuesta en tu interior. Eso en la intuición o instinto perfecto.

Luego aparece la razón que analiza el hecho y determina si vale o no, o si me conviene. Esto pertenece a la mente. La mente es un instrumento útil pero no debe ser el dueño y señor de nosotros. Ella, la mente trata de darte los pensamientos que te distraigan y aparten del silencio.

Por eso la meditación es importante. Es hacer callar a la mente de tanto parloteo. La telepatía se manifiesta con el desarrollo que produce la meditación diaria y continua en el tiempo. Llega un día que se abre tu conciencia y te conviertes en canal del Yo Crístico, de los maestros o de los hermanos de las estrellas. Cuando se desarrolla distingues la fuente de la que proviene la comunicación.

Busca un momento propicio al día, crea un pequeño altar que potencia y da ambiente a tu meditación.

Procura que nada ni nadie te moleste, entra en el silencio mental, deja que los pensamientos que te llegan, pasen como nubecillas por delante de ti. No luches, es sólo práctica y dirige tu atención a tu respiración.

Siente como el aire penetra en tus pulmones, y al salir o espirar, te relajas más y más.

Practícalo logrando un momento de armonía y paz. Son los aditamentos perfectos para la telepatía. Dicen que el silencio es el mejor mantra.

Al principio lo tendrás que hacer poco tiempo, unos minutos, después lo alargas cada vez, hasta que ya no te importe meditar horas.

El acallar la mente es la oportunidad de que tu Ser hable. El don de la comunicación, se da siempre cuando no hay ego, y si se es limpio de corazón.

Para acercarse a ellos y a sus mensajes, basta abrir tu corazón y estar en armonía. Favorece mucho practicar la meditación como reitero en este libro.

Entrar en el silencio y acallar a la mente. El discurso del otro lado, en la luz, tiene una forma clara, definida. Y como dije no piden capillitas ni rosarios.

Un buen camino para abrir la precognición y el tercer ojo es hacer con total honestidad y amor los cursos de Reiki. Una gran sorpresa fue para mí, escuchar en una conferencia al público, a un catedrático de medicina que imparte anatomía y embriología en mi ciudad, hablando de que él practicaba Reiki con pacientes y que a sus alumnos les hablaba del aura y de los chacras. Después de la conferencia –muy hermosa y brillante– le di la enhorabuena y le felicité cordialmente. Siempre había pensado por mis relaciones con otros catedráticos de la misma asignatura, que eran personas muy vinculados a la tierra y no dados a creer en lo que no fuese oficialmente aprobado por la ciencia.

En febrero del año 2010, por mediación de Omaras –nuestra amiga del grupo espiritual– recibimos un mensaje del pensamiento de los que llamamos *los de arriba*. En este escrito o comunicado nos explican el porqué y cómo de las comunicaciones telepáticas.

> *«En distintos momentos, queremos ponernos en contacto pero nos cuesta. La dificultad está en las capas densas que os envuelven. Deberéis limpiar esa densidad haciendo en vuestro entorno una vibración adecuada para la comunicación. Crear espacios blancos en donde los encuentros puedan realizarse limpios, libres de interferencias y claros. Limpiar vuestro habitáculo haciendo un espacio de luz y armonía. Donde la vibración alcance el punto adecuado. Armonizar vuestros cuerpos y transmitirlo al entorno. Crear limpieza y claridad, armonía de colores y de sentir. Acercaros al sentimiento positivo, apartaros de las dudas y sentimientos de culpa que os merman las vibraciones de alta gama. Uniros a la fuente por medio de vuestro sentir y no dejaros nunca vencer por ningún motivo. Las altas frecuencias a veces os impiden la claridad y os confunden, porque llegan a la Tierra con una fuerza inusual para vosotros. Están en vuestro interior y en vuestro deseo de colaboración, todas las herramientas para soportarlo y hacer de puente entre nosotros y la Tierra. Manteneros en el centro y conectaros siempre con Él sintiéndoos completos y serenos. En los espacios blancos nos encontraremos.»*

¿Para qué estos mensajes, que finalidad tienen, que debemos hacer, que responder?

«Los mensajes son actos de amor hacia vosotros, en los que os transmitimos nuestro amor hacia el humano, esperanza de un encuentro y fe en la confirmación que no estáis solos. Transmitiros la fuerza y la esperanza de que vuestro trabajo no es en vano, es necesario para mover otros potenciales en el humano. Debéis limitaros a ser. Ser prudentes y cautos, libres de ataduras y condicionamientos. Libres en sentimientos y actos y actuando siempre bajo la dirección de vuestro Yo. Responder con vuestro comportamiento adecuado a vuestro sentimiento más alto. Responder ante todo, con vuestro sincero acercamiento hacia estas esferas que os protegen y os envían luz y fuerza para el camino. Nosotros desde aquí actuamos como una posada para reponeros en vuestro andar. Si estáis abiertos, conscientes y dispuestos, podéis reposar en nosotros porque de esto se trata, de aliviar vuestro dolor. Si estáis abiertos y sentís estas vibraciones, seréis más pacíficos y más libres, porque iréis soltando otras ataduras que ahora os molestan.»

Este comunicado ya fue dado por los que llamamos *hermanos de las estrellas* o *extraterrestres*. Muchos grupos en todo el planeta se están comunicando desde hace tiempo. Primero utilizaban *la ouija* como en un famoso grupo de contacto en Canarias. Lo confuso era el llegar a comprender que para contactar con ellos, era preciso una mente ni egoica, ni sucia, como ellos decían *un canal limpio.* Siempre los interesados en los temas ovnis estaban sólo inspirados por lo novedoso e inquietante de comunicarse con *seres de las estrellas*.

Ellos nos hablan desde el amor y nos piden que subamos nuestra vibración para de esa manera comunicar con libertad.

Desde hace años he conocido grupos que se afanaban por contactar con ellos y se pasaban noches enteras a la espera de ver los llamados ovnis. Pérdida lamentable de tiempo y oportunidad.

Sixto Paz el afamado ufólogo peruano lo entendió y enseñó que la mejor forma de contactación era con la meditación y el silencio. La disciplina y la armonía. Quedarse en lo fenomenológico del avistamiento no es lo importante, sino el mensaje.

Descubre tu mente

Me gustaría hacerte comprender un hecho que sucede a la casi totalidad de los humanos. Hemos aprendido cosas más o menos ciertas y que nos condicionan sobremanera. Ese ordenador que es la mente, es alimentado por enseñanzas externas y experiencias propias. Los pensamientos se generan y ocupan nuestra atención convirtiéndose en el amo y señor de nuestra existencia.

Él nos alimenta con el emocional, con recuerdos del pasado y fantasías del futuro. Pero resulta que teme al presente. Teme a ser sustituido o callado. Es un ordenador que termina manipulándonos. Te maneja con tus miedos que son una emoción, con el sexo que es otra herramienta de gran poder en el hombre. Utilizará recuerdos del pasado o creará fantasías, cosas que no han ocurrido. Lo importante es que tú no te des cuenta y sigas dándole el poder a tu *mente*.

¿Qué pasa si te detienes y observas? Trata de observar esa mente y analizarla. Descubre su juego y comienza a dominarla o controlarla. Se adquiere fuerza cuando eres capaz de observar tus pensamientos y reacciones. Al ser observada, la mente queda sorprendida en su juego a veces artero. Es enormemente importante ser observador de tus pensamientos. *Conócete a ti mismo* es un principio hermético básico.

> *Para conocerte deberás observar y ser consciente de los pensamientos y emociones, que te provocan. Esta simple práctica hace que el disgusto o furia que te ataca desaparezca, paras a tu mente y la emoción desciende.*

¿Qué estoy pensando y por qué? Podemos decir que se tiene una mente bien montada, cuando uno sabe controlarla, sabe que ella no es dueña sino servidora. Ante cualquier situación de tu vida en la que las emociones se manifiestan, en cuanto eres capaz de sentirte fuera y ser observador de lo que pasa, desaparece la fuerza que te agobiaba o angustiaba. *Es un buen ejercicio.*

Comenzaras a comprender que tus pensamientos se basan en conceptos a veces falsos de ti y de los demás. Por la otra parte, tu *Yo superior*, respeta tu libertad y espera a que tu mente se silencie para él expresarse. Siempre se ha dicho *la verdad está en tu interior, en tu corazón*, pero no nos decían que eso no era una metáfora. Tampoco nos explicaron como debíamos contactar con nuestro corazón, con nuestra gran verdad.

En metafísica, se estudia las formas, a través de ejercicios prácticos para realizar la gran maravilla de descubrir quien eres espiritualmente. En metafísica, se estudia, que para vencer a la mente, precisas de la ayuda de tu Yo superior.

«Los doce trabajos de Hércules», es una magnífica obra de gran sabiduría, escrita por un ser especial llámada Alice Bailey. En uno de los primeros trabajos de Hércules, del que se decía «Hijo de los hombres e hijo de un Dios» un semidiós con el poder divino, *esta es realmente la definición de todo hombre en la Tierra*.

En ese trabajo le mandan cazar a las yeguas devoradoras de hombres. Yeguas salvajes que diezmaban a la población. Él Hércules, las apresa a todas y una vez terminado el trabajo, se las da a su ayudante, –el ego o yo inferior– las yeguas lo matan y se escapan. Las yeguas son los pensamientos que dominan y arrastran al humano, en dirección opuesta adonde debes ir, *que es al conocimiento de quién es en realidad.*

Los pensamientos pueden llevar a la depresión o a la locura. Los sentimientos depresivos de poca valoración o baja autoestima –que ahora están de moda–, son frutos del hecho de no pararle los pies a la mente, que en vez de ser tu servidora, se transforma en ama.

La otra herramienta es no fijar la atención en el pasado, porque este ya no existe. No pensar tanto en el futuro porque no es real. Solo debes fijarte en el presente que será la simiente del futuro.

Al fijarte solo en este momento, pones las riendas a los caballos locos que te llevan y tú los dominas. Si no puedes, pídele a tu Ser Interior que tome el mando. Te sorprenderá la eficacia de lo que te estoy narrando.

¿Cuál es tu verdad? ¿Qué ignoras? ¿Cómo descubrirla? Aquel libro que nuestro primer guía nos aconsejó es clave para abrir la magia de la lámpara maravillosa del genio. «El libro de Oro» de Saint Germain es una magnífica forma de iniciar la búsqueda de tu divinidad. Te estás muchas veces perdiendo, lo mejor de la vida. Siempre pensando en lo que debes hacer y no eres consciente que lo único real es el ahora.

El escritor sudafricano Michael Brown escribió un libro de su experiencia personal, con técnicas paso a paso para despertar la conciencia y vivir el tiempo real. «El Proceso de la Presencia», es un libro que me atrevería a calificar de oro puro. Un libro de apertura fundamental en este tiempo.

También es cierto que en la evolución de cada persona, no siempre es el momento oportuno para abrir el tesoro que puede ser un libro como este en su camino. En ese caso, ya llegará el momento.

En el hospital

Como llevé mis experiencias a mi vida laboral fue muy curioso.

Al principio, se formó un grupo de trabajo con personas del centro hospitalario. Comenzamos a reunirnos alguna tarde al mes en una sala de médicos donde por la mañana se hacía lo que llamábamos seminarios.

Nuestro trabajo era hablar de los temas espirituales y hacer trabajos de *luz violeta* para el centro. Nuestra aspiración era llenarlo de energía violeta, que es una energía de transmutación y de cambio.

Tratábamos de cambiar las vibraciones o energías de todos los pacientes y mejorar la energía hospitalaria. Si lo logramos o no, creo que sería difícil comprobarlo. Éramos inocentes y párvulos en esos temas. Pienso que la buena voluntad nos llevaba y eso nos satisfacía.

El tener unas herramientas espirituales para hacer algo por los demás nos llenaba de gozo. Los sufrimientos, miedos y el dolor generan una energía densa y que el sensitivo nota cuando va a un hospital. Esa fuerza creada por sus pacientes y familiares, se queda ahí impregnándolo todo, como la nicotina del humo del tabaco, y eso se percibe. Como consecuencia el trabajo es más oscuro, más denso.

Trabajar invocando la luz violeta, hace que se cree un vórtice de energía limpiadora y trasmutadora, que limpia cada rincón del espacio donde es invocada. Se utiliza para las personas, las situaciones viciosas y difíciles. A veces se logra mucho.

Las situaciones siempre están ligadas al destino de la persona. Por ejemplo, en un familiar gravemente enfermo, puede que la luz violeta funcione sanándolo o haciendo que se marche *a casa*, al otro lado. *Quiero que sepas que las dos soluciones serían perfectas pues hay una gran inteligencia manejando este trabajo y no es tu ego.*

En quirófanos, antes de la intervención en el momento de comenzar la anestesia, hacía una petición de ayuda *arriba* y cubría con luz violeta o verde de sanación a todo el quirófano. Esto que yo consideraba experimentación metafísica, la practicaba mejor en la sala de reanimación. Esta sala es semejante a una unidad de cuidados intensivos donde se hacía el control y tratamiento a postoperados graves, que precisaban de vigilancia continua, a veces durante días.

Reconozco que cuando me tocaba guardia en reanimación, sentía realmente cierto temor a no saber resolver algún posible contratiempo médico. Este miedo, hacía que invocara la ayuda de los seres *de arriba*, pedía según había estudiado a los seres que se preocupaban por la curación en el mundo espiritual, pedía la luz verde de sanación, invocaba a la Madre María y al arcángel Rafael. Me atreví a proponerles un pacto, y era que en mis guardias no se muriera nadie en la unidad.

Los enfermos de cierto grado, a veces son videntes ocasionales, es frecuente que los más graves vean a seres queridos o conocidos, que se acercan para hablar. Decimos que el paciente alucina, pero es curioso lo frecuente que es ese tipo de *alucinaciones*. Recuerdo que un paciente me dijo un día: «Oiga doctor, cuando está usted aparece una neblina verde que nos cubre a todos...». Estas pequeñas cosas me daban confianza en que aquello era efectivo.

Ciertamente nunca en mis guardias de reanimación murió ningún paciente. Pero sí al día siguiente como narraré ahora. Un paciente llevaba quince días con una infección –peritonitis con supuración profusa– que impedía poder cerrar el abdomen. El paciente no mejoraba y se me ocurrió en mi guardia hacer un trabajo con la luz violeta. Invoque a los señores de la luz violeta y les pedí que envolvieran al enfermo con la luz de transmutación. Al día siguiente el paciente moría. A los pocos días repetí con otro paciente igual tratamiento con el mismo éxito. Esto me llenó de incertidumbre, pensando hasta que punto podía ser que se marcharan después del tratamiento.

> *Comprendí que el fuego violeta, transmutaba y por lo tanto quitaba lo que podríamos denominar karma o sufrimiento purificador.*

Según parece, el tiempo y el sufrimiento de un paciente, sirve para saldar cuentas y poder subir al otro lado más ligero. El no comprender esto, lleva a desear a veces la eutanasia como método eficaz para terminar el sufrimiento. Es un tema muy complicado y polémico. Pero sí aprendí que la forma correcta de terminar con el sufrimiento de un ser y respetando el plan de vida de él, es con el fuego o luz violeta. Es respetuoso, caritativo y no arriesgado. Lo curioso fue que también me llevé la sorpresa del efecto contrario. Paciente grave en estado de estancamiento en su evolución y que después del tratamiento de la luz violeta, mejoraba espectacularmente.

Lo más curioso, debido a mi ignorancia, es que lograba resultados a veces contrarios a mis objetivos. Con el deseo de sanar y cambiar una situación en la que la medicina ya no hacía nada, el paciente fallecía dulcemente... en otras situaciones deseando terminar una agonía larga, el tratamiento espiritual, hacía que mejorara el enfermo.

Como ayudar en el momento de la muerte de un ser querido

Sin estar de guardia en reanimación, la sala y sus cómodos sillones hacían que aunque mi servicio era de anestesista de guardia, pasáramos la tarde a falta de intervenciones acompañando al compañero. Comprobé lo útil que era el enseñar a aceptar la muerte de un familiar y que dándoles pautas de actuación ante el ser amado que se iba, se sentían después más tranquilos y con la satisfacción de haberlo hecho bien. Esto lo pude hacer sólo en contadas ocasiones. Una de ellas con el padre de una enfermera conocida que me pedía consejo.

La lógica me dictaba y el corazón me mostraba por el camino del amor, lo importante que es ese momento para todos, sobre todo para el que se marcha. Le aconsejaba que aunque vieran al familiar en coma, le hablaran con todo el amor, que le dijeran todo lo bueno que no le dijeron en vida, que le quitaran el miedo y lo acunaran con amor y ternura.

Les expliqué que después de morir el cuerpo, el familiar seguía escuchando incluso los pensamientos, igual que cuando están en coma. Escuchan el susurro del amor y la tranquilidad de los seres amados que le acompaña en el parto hacia el otro lado. De esta forma conviertes una situación angustiosa y dura, en un momento importantísimo para ese ser, ofreciendo la mayor ayuda que se puede dar.

El trabajo de hablarle mentalmente se podía acompañar con una limpieza con un trapo húmedo en alcohol de los pies a la cabeza –parece que esta acción facilita la salida del espíritu del cuerpo–.

Hablarles con todo el amor dándoles paz, alentándoles a que acudan a la luz y que no teman, que les esperan seres amados que lo recibirán con amor incondicional. A los que se quedaban les decía que no estuviesen triste pues su ser querido volvía a casa... *en ocasiones él que se queda está en la peor situación.*

Esto creo que es más importante de lo que podéis imaginar. Sé que hay seres adelantados al resto, que por intuición lo hacen, toman la mano del familiar y les hablan con amor, les quitan la incertidumbre y hasta el miedo. El que se marcha se siente acompañado y feliz al aceptar la situación. No es difícil saber que decir, basta dejarse llevar por ese corazón.

Imagínense que sentirá un ser –aunque teóricamente ha fallecido– al escuchar conversaciones egoístas hablando de herencias y desamores. Cuantas familias se rompen por las dichosas herencias. Es triste que el ser amado se marche con dolor y soledad. Se le podría seguir hablando después de muerto, pues su alma escucha y agradece.

Cuando murió mi madre, fue una bonita lección para mí. Ella estaba ese verano en la casa que mi hermana mayor tiene en la costa del Levante, en un lugar privilegiado, colgado frente al mar Mediterráneo, en una zona de gran belleza. Recibí una llamada de mi hermana diciéndome que mama había fallecido aquella noche. Fue una muerte repentina seguramente una embolia.

Mi esposa e yo acudimos sin demora llegando a la casa que estaba ya preparada para celebrar una misa o eucaristía como despedida de mama –madre de seis hijos–. La semana anterior cuando acudí a verla, me dijo:

–Hijo, ¿has venido a despedirte de mí? Mira ves ese mar tan azul, he soñado que me iba volando sobre sus aguas.

Me desconcertó su premonición.

Mientras estaba esperando al sacerdote amigo de la familia de mi hermana, me quedé en meditación pensando en ella.

Entonces con los ojos cerrados la vi, dulce y feliz de que estuviera allí. Le hablé mentalmente diciéndole que debía estar feliz y que volvía a casa. «Si te preguntan en el otro lado que has aprendido, diles que amar fue todo lo que hiciste. Ahora llévate todo nuestro amor y agradecimiento. Ve en paz». Sentí como si se apagara un calefactor que me daba ese calor agradable y de repente quedara el frío. Sabía que ella se había ido ya.

Me quedó una sensación de paz y felicidad difícil de explicar. Sentí que todo estaba bien, que la pena era absurda, que ella era muy feliz, y que ya su cuerpo pesado y enfermo no la lastraba.

Sentía que pronto nos veríamos otra vez con otro cuerpo en otro lugar. Y así se ha cumplido.

La *resucitación*

Recuerdo un día de guardia especialmente duro, en lo cual me ocurrió un hecho realmente importante o al menos curioso. Esa tarde, me fijé –no sabía por qué– en un hombre joven que ingresaba en puertas de urgencias. Me quedé mirándolo sin razón alguna. Posteriormente lo volví a ver.

Sólo me pude acostar esa noche a las cuatro de la madrugada. Mi hospital no era habitualmente un centro de gran actividad y mis guardias solían ser mucho más tranquilas. Esa noche estaba realmente cansado de no haber parado desde las ocho de la mañana, hasta las cuatro de la madrugada del día siguiente.

A la hora de haber conciliado el sueño, suena el teléfono de mi habitación reclamándome para atender a una parada cardiaca en una planta. Acudí como un autómata a la habitación y me encontré a la doctora de guardia de la Unidad de Cuidados Intensivos que ya había intentado la reanimación cardiopulmonar.

Me sorprendí al ver al mismo hombre joven al que vi entrar en urgencias aquella tarde. Mi colega me comenta que era inútil la reanimación porque llevaba más de media hora en parada. Me quedé solo con la enfermera de planta y comencé no sé porque a aplicar la reanimación, recuerdo hacerlo a un ritmo muy rápido y enérgico. Sé que me puse a canturrear en un estado de escasa lucidez debido al cansancio. De pronto note en mis manos, un calor más que evidente. Vi como sus vasos sanguíneos se llenaban y en el monitor aparecían complejos de actividad cardiaca. Mandé a intensivos al paciente y me fui a dormir.

A la mañana siguiente, me encontré en cafetería con la enfermera que estuvo esa noche en la habitación. Me dijo:

– Doctor, ¿sabe lo que estaba canturreando cuando el paciente volvió?

– No recuerdo. –le contesté.

Estaba cantando «*Kum ba yah*» canción religiosa que invoca Dios, para que se haga presente en este momento de dolor.

> *Y al invocar a Dios y su energía, de forma inconsciente le estaba dando la orden de que volviese a la vida, y así fue por un tiempo. Murió en intensivos a los tres días del hecho. Este suceso tan curioso me enseñó que es posible y que tenemos un poder que ignoramos.*

No había intencionalidad egoísta de quedar o hacer algo digno de interés. Había un estado casi ausente del hecho, era como una reacción automática ante una parada y funcionó. Me sentí muy conmocionado al día siguiente y creo no lo conté a nadie.

Ahora pienso que fue una lección para aprender que si evolucionamos y abrimos nuestras conciencias, podríamos realizar milagros como el maestro Jesús practicó y nos advirtió hace dos mil años... *que cosas más grandes haríamos.*

La práctica de servir a los demás

Era una gran suerte estar trabajando en un hospital que permitía tales cosas. Experimentar que pasaba cuando había empatía entre el paciente e yo, percibir que los resultados de la intervención eran modificados por el observador. Era el cumplimiento de la teoría cuántica del efecto del observador en el resultado de una prueba física.

A veces, tenías que vértelas con pacientes realmente antipáticos, que como la palabra indica significa que no tienen empatía. Te contestaban mal y a veces hasta groseramente. Bien pues haciendo correctamente la anestesia, surgían complicaciones que por lógica no debían aparecer. Era coincidente, el hecho de ir mal la intervención cuando el contacto previo con el paciente, era desagradable.

> *Recuerda amigo que sería bueno que fueses amable con el anestesista y el cirujano, y que crearas una buena corriente de empatía. Pienso que en todos los ambientes, sucede esto. Basta el que haya un sujeto problemático y discordante para hacer que una velada agradable, pasara a ser un desastre.*

La mejor forma de crear un buen ambiente es la alegría y el buen humor. La risa, la alegría y la armonía, hacen subir las vibraciones. Piensa que somos solo energía, ese conjunto energético sube de nivel con la risa y baja con la tristeza y el mal humor. Ciertamente no se tiene en cuenta en los centros hospitalarios esta verdad tan sencilla.

A nivel personal, deberíamos ser conscientes, que esa buena vibración es sanadora. Recuerdo a un amigo que trabajaba en administración del Hospital la Fe de Valencia, este especial ser siempre me comentaba que sería muy importante para los pacientes, que hubiese payasos en los hospitales y en la plantilla.

Subíamos los dos a una planta acompañando a un paciente al que iban a operar. Él no paró hasta hacer reír al paciente, al celador y a mí mismo. Cuanta verdad y sabiduría había en este amigo Mario. Fue un ser especial que promovió un proyecto de ayuda al que era liberado de la cárcel y no tenia donde ir. Fundó un hogar para ellos.

> *Dicen que en el reino de los ciegos el tuerto es el rey, y eso se aplicaba a mí. Era un compromiso real el prestarse al consejo y ayuda, y lo hacía.*

El tema de Morfeo, el de dar sueños apacibles a los pacientes, se convirtió en la piedra fundamental. Era importante ganarme la confianza de aquel que va a perder el control de su consciencia y que le van a practicar una intervención de mayor o menor importancia.

En ese momento puedes ser para el paciente un sujeto extraño que te dice que respires hondo o que cuentes hasta diez, o ser el médico amable, el amigo que te tiende la mano, te acaricia, te sonríe y te dice que no te preocupes, que él te cuidara y pronto pasará todo. Era muy consciente de que la evolución de la operación sería mejor si el paciente se sosegaba. No sé si luego recuerdan lo que hiciste o el amor que pusiste, pero lo importante era hacerlo sin esperar reconocimientos. Era una forma fácil de poder dar amor incondicional.

Debo reconocer que no todo es gloria y perfección. El ser humano e yo entre ellos, somos duales, eso quiere decir que en nosotros se cumple lo del *yin* y el *yang*. La luz y la oscuridad. Jamás digan lo que digan, ha existido santo que solo manifestara lo bueno.

Siempre suele haber un equilibrio y es normal que la parte egoísta y oscura salga a relucir. Esa condición es así en todos. Pienso amigo que en ti se da esa realidad como en mí. Lo importante es ser conscientes de esto y aceptarlo como parte de uno mismo. Es una condición de nacimiento. Tú eliges quedarte con la luz o con la oscuridad pero piensa que nadie es totalmente bueno ni malo. Somos café con leche más o menos claro, pero café con leche al fin.

Cuando se dirigieron a Jesús diciendo «maestro eres bueno...» él replicó «solo el Padre es bueno». Idealizar a las personas especiales es solo una mentira piadosa. Jesús era hombre y como tal dual. Tenía sus tentaciones y su genio. Solo gente que convivió con él podrían dar su opinión fiel de como era y de esos no hubo.

Doscientos años después solo se conjetura en los evangelios. Hay que ser valientes y atreverse a pensar con más lógica. Era claro que vino no solo a darnos la oportunidad de redención para poder volver al Padre, sino a enseñarnos que como él éramos hijos de Dios y de su misma naturaleza. Quiso sacarnos de la oscuridad en que el ser humano se había hundido. Era hora de que el hombre tomara conciencia de volver al Padre y cerrar el círculo. Fue el hombre el que ha echado a Dios de su vida. El ser humano se metió a experimentar en la materia y las emociones desechando la parte divina. Tanto Jesús, como Buda y otros avatares, intentaron explicarlo.

Cuando un conferenciante solo habla glorias de sí mismo o en libros se muestran impecables, amables y serviciales siempre, mienten u ocultan su otra verdad oscura la que todos tenemos. Solemos compararnos con los demás pensando lo perfectos o buenos que son, pero es un concepto falso. Tú querido amigo eres como los otros con errores y fallos.

¿Qué hacer ante esto?:

1 Reconoce que actuaste mal o con poco acierto, acéptalo y perdónate a ti mismo.

2 Ámate a ti mismo, pues difícil es que ames a los demás si no te amas a ti.

3 Cuando tengas problemas con tu pareja o compañero solo «ámale» cambia tu reacción de reniego y enjuiciamiento por amor, *¡ámalo!*

4 Cuando te han ofendido o frustrado alguien cercano, comprende y perdona.

Detrás de una traición, engaño, mentira, hay miedo a no ser aceptado o comprendido. El amor es un ejercicio y un trabajo que se hace por voluntad propia. Ante la fuerza del amor no hay negatividad que lo pueda.

Ante una actitud del otro que te contraría y disgusta, sería bueno que trataras de comprender y analizar. Te contestó mal porque a lo peor, estaba contrariado y enfadado... con él mismo o con las circunstancias.

Ante actitudes agresivas, siempre hay una razón que sería bueno analizar y descubrir. Así evitarías hacer juicios sin base. ¡Ámale!, Lo está pasando mal y se desahoga contigo. Es lo que hace un adulto con el niño cabreado y díscolo.

> *Todos somos iguales, pero estamos en grados diferentes de evolución. Unos están el primero de párvulos y no saben comportarse mejor. Cuando crees y comprendes que cada uno tiene un nivel de conciencia, sabes que el niño no tiene voluntad de hacerte daño porque sí, sino por su frustración e ignorancia y a veces por miedo e inseguridad.*

El triste tema de los conflictos de genero, de pareja. Cuando analizas el porqué un ser que debería amar a su compañera es capaz de vejarla, humillarla y hasta golpearla... solo se podría comprender esa clase de acción por el retraso de evolución de la conciencia, que descarga sobre el inocente e indefenso sus frustraciones y complejos.

¿Qué hacer? La sociedad debe defender al débil e inocente sea la pareja o los hijos. No se puede prolongar una agonía de maltrato continuo. ¿Crees que es la voluntad de tu Dios interno el aguantar tal humillación? ¡No! Y rotundamente no. Cada situación dura de la vida tiene un porque y a veces es para saber decir ¡Basta!

Cada uno de nosotros como digo muchas veces está en la escuela de la vida donde viene a aprender y cumplir la lección que no aprendió. Cada dificultad es una oportunidad de aprender, la gran asignatura el amor incondicional. Puedes y debes sin odio, romper la situación dolorosa.

Nada es gratuito, no te ha tocado esa dura lección porque esto es una lotería, sino porque es tu aprendizaje. En tu aprendizaje, no esta el sufrir sino el solucionar el tema de forma pacifica y armónica.

Situaciones de la vida como la infidelidad, se convierten en una prueba dura que superar. La casualidad no existe, y así como surge la casualidad de conocer o no a alguien que hace estremecer tu vida, hasta eso tiene un plan preconcebido para el aprendizaje.

Por una parte caer o no caer en la tentación de la infidelidad, ya es una prueba dura, pero además cuando caes, ¿cómo enfrentarte al jaleo de una situación incómoda y peligrosa para la supervivencia de la familia y del matrimonio?

Supongo que en la próxima dimensión esto estará superado. Los celos el dolor, la soledad y el desamor, serán menos que un recuerdo de una vida pasada.

En nuestra actual tercera dimensión sí es una gran prueba y hay formas de aprobarlas sobre todo con el perdón, *aun cuando el resultado del problema sea la ruptura.* Una persona que pasa esta prueba, si lo hace bien según el amor incondicional, da un salto cuántico en su evolución.

Frecuentemente, me buscaban por las tardes personas con problemas. Solía haber alguna causa adicional en su necesidad y era habitualmente de carácter paranormal o intrigante al menos. Me servía para dejar actuar mi intuición y así poder ayudar de la forma mejor que pudiese. Recuerdo el caso de un muchacho –hermano de la enfermera de la sala de reanimación–, el que por insistencia de su hermana, se atrevió a visitarme.

Aquel chico, sufría una profunda depresión por causa de una mujer que parece le superaba en todo y que lo dominaba de forma poco sana. Él estaba en un estado de depresión muy fuerte. Recuerdo que con unas pocas frases acertadas, animándole a salir del pozo, fueron suficientes, se liberó de la depredadora y de su depresión.

Le marqué unos quince días para salir de su estado y que a partir de aquel momento, ya no podría ir más abajo en su pozo y no había más camino que subir. *La tristeza y la depresión son patologías del alma casi siempre.*

Es exógena cuando una causa externa la provoca, como la muerte de un ser querido o la ruina. Este muchacho desapareció de mi vida y no volví a verle. Su hermana era la que me informaba de su evolución. Mi labor fue el abrir alternativas que él no veía. Decretar de forma aventurada, que en quince días saldría de la depresión y así pasó. Este método me funcionaba.

> *Deberíamos tener todos un terapeuta con visión clara que nos haga ver la verdad. Un buen psicólogo titulado, y no un amateur como yo, aunque funcione.*

Es frecuente el intrusismo en campos de la salud. Tan frecuente que preocupa sobremanera. En muchas ocasiones, delante de mí se dan remedios médicos unos a otros con la mayor naturalidad. Creo que es un error. Una cosa es opinar y otra hacer un diagnostico o dar un tratamiento a un amigo. Es cierto que todos a veces actuamos de asesores psicológicos, pero lo recomendable es remitir al paciente a un profesional.

Creo que la mejor medicina que puedes practicar y quizás la más práctica es escuchar a los pacientes. El paciente al comentar y explicar su problema, está librándose de él. Una magnífica forma de dar amor es escuchar y no intervenir, y si fuera posible, ni opinar.

En mi ciudad hay una organización sin ánimo de lucro que ayuda por teléfono y en persona a multitud de personas con problemas de toda índole. Sobre todo de soledad. Esos seres lo que más necesitan es el comunicarse, poder expresar sus angustias y dolores. Casi siempre son ellos mismos los que encuentran la solución.

En el «Teléfono de la Esperanza» uno de sus lemas es «si puedes no des consejos, solo escucha». Luego existen en la organización psicólogos que se prestan a ayudar de forma gratuita al que lo precisa. Esta organización la lleva un magnifico sacerdote ante el que me descubro y considero gran ejemplo de amor y servicio.

No me siento muy orgulloso de lo que he hecho en mi vida como médico y como ser humano en una situación de privilegio. Sé que podría haber hecho más. Pero está bien lo que pude hacer.

Con referencia a casos extraños tengo algunas vivencias que curiosamente eran coincidentes. Casos que me hicieron adentrarme o asomarme a un mundo o realidad que hubiera sido mejor dejarla de lado. Pero salió bien y el resultado fue feliz. Esas situaciones extrañas parecían buscarme. Quizás había creado una imagen de médico algo raro al que le fascinaba lo extraño. Dicen que en el reino de los ciegos el tuerto es el rey, yo creo que soy tuerto pero aún con cataratas.

Cuando eres consciente de las verdades que te rodean y que el hombre de a pie ignora, te sientes empujado a hacer algo. *Comunicar lo que deberían conocer los demás y más cuando ese poco es vitalmente importante.* Es como el que conoce que un tsunami tremendo se acerca y sabe que debe advertir a la gente sobre que debe hacer para *salvarse* y proteger lo más importante. Así me siento y no tengo deseos de transmitir temor, así como *los de arriba* tampoco no lo hacen.

Historias de *fantasmas* que se presentaban dentro y fuera del hospital

Es curioso las veces que escucho los comentarios de «al menos estamos vivos...», «señal de que aún vivimos...» hablan de esto como si marcharse fuese terrible y lo único que vale y es valorable es esta vida.

Es un error normal en nuestra ignorancia. Error común que hace que cuando uno pasa por el trance, se aferre a la Tierra, a sus cosas y familia. Los que han sufrido apegos tan fuertes como el alcoholismo, la ludopatía y la drogadicción, pueden quedar amarrados a sus vicios y continuar buscando esas sensaciones en otros de su misma condición. Estos seres parasitan a otros con cuerpo físico, aún para poder subsistir en la dimensión de la Tierra. Los llamados espíritus errantes se aferran a seres vivos para poder estar vinculados a este plano de la existencia.

El cuerpo físico sirve para el hombre como soporte para desplazarse y vivir en este planeta, en esta dimensión. Cuando carecen de cuerpo vivo y desean continuar en este plano, no tienen más remedio que parasitar de alguna forma a un huésped propicio. Este tema no es de mi agrado, pero la jerarquía lo acepta. Es posiblemente por la razón de que esos seres desean continuar aprendiendo en esta escuela.

Para mucha gente es muy desagradable el pensar en que espíritus te rondan. No tengáis miedo, porque ellos son apenas seres despistados de la verdad, que no tienen cuerpo físico como tú, ni luz suficiente para ir a casa. Uno de mis hijos tiene la facultad de ver espíritus desencarnados en las carreteras cuando viaja. Sabe como mandarles luz y que tomen conciencia de su estado sin cuerpo. Cuando la muerte es precipitada y no fueron familiares al lugar del accidente, se quedan esperando totalmente despistados.

Una noche de guardia, estando haciendo mi ronda, una auxiliar de enfermería con la que me unía amistad de años de trabajar en quirófanos, me comenta que una amiga suya se encontraba en el hospital, cuidando a un familiar y que esta muchacha, tenía problemas serios que le estaban amargando la vida. Me presentó a su amiga que era una mujer de mediana edad, atractiva, con mirada triste y aparentemente angustiada. Me contó una historia de su vida que despertó mi interés por lo novedoso.

Me contó como por las mañanas al levantarse e ir al cuarto de baño, sentía y veía la presencia de su abuela ya fallecida que intentaba entrar en ella. La muchacha se resistía y la abuela la atormentaba. Se había quedado sin trabajo, su novio le había dejado y todo le iba muy mal. La *bondadosa* abuela, había sido bruja, mujer dedicada a sortilegios y trabajos poco claros. Dicen que en ese mundo el poder de las brujas pasa de abuela a nieta. Parece que no por el método de la reencarnación, sino por el de posesión o parasitismo.

Le pedí que si estaba segura de aquello no podía permitirse y que hubiera que terminar con esa situación. Comencé a explicarle, que ningún ser tiene derecho a hacer eso, a ir en contra de la voluntad de alguien, que debía enfrentarse e yo la ayudaría. De repente, sentí un frío glacial que me sorprendió, y se me apareció una visión entre ella e yo realmente espeluznante. Era parecido a lo que aparecía en la película de las «Caza Fantasmas». Una imagen fugaz verdosa y deforme como ectoplasma. Aquello me interrumpió la conversación.

Ella no se apercibió de la aparición, solo de mi reacción de susto. Le dije que aquello iba en serio y que había que enfrentarse. Con el poder que yo sentía tener de mi Yo Crístico, le ordené que se marchara y que jamás volviera a molestar a su nieta. Le pedí que orásemos juntos y le mandé al ángel Miguel que nunca falla y así se terminó.

Al cabo de unos meses volví a encontrarme a la auxiliar amiga de la víctima y me contó que esta había cambiado de forma espectacular, había encontrado un novio y un buen trabajo y se había terminado los acosos de la abuela.

El pensamiento gallego sobre las *meigas* se cumplía, *creer no creo, pero haberlas hailas.*

En una tranquila noche de guardia me sucedió algo muy extraño. Me habían comentado con anterioridad, el hecho posible de que a los seres humanos que se interesaban por el prójimo, cuando dormían, iban a ayudar a personas que habían muerto o desencarnado, o estaban en estados de peligro en accidentes graves. Esa misma situación me había contado un amigo sanitario, de su experiencia vivida y recordada en sus sueños. Estas cosas me molestaban sobremanera y pensaba que me deberían dejar en paz y con dulces sueños y no atendiendo a seres muertos. Me desagradaba realmente.

Era una noche –que me quedó señalada– de guardia tranquila, que me permitió irme pronto a mi habitación a dormir. Entonces aparecí en un lugar ajeno a mí. Era una casa de dos plantas, me encontraba en la planta superior, me acompañaba curiosamente mi compañero anestesista con quien compartía guardia. Nos vimos en medio de un pasillo de una casa de pueblo.

Vino hacia mí un hombre de mi edad de entonces, con unos treinta y pocos años. Me preguntó que si yo le veía y continuo diciendo «

– ¿Qué está pasando en mi habitación? ¿Por qué todos están llorando? ¿Es que me he muerto?

– ¿Ahora usted se encuentra bien? –Le contesté con otra pregunta.

– Sí. Muy bien.

– Entonces será ya hora de que dejes esta casa y que no hagas caso de los llantos. Dirígete hacia la luz.

Lo que me hizo asombrarme más de este hecho, fue que de mi pecho, salía una energía –que podía ver y sentir –de gran fuerza que envolvía al chico con una luz rosa. Eso me causaba un gran placer, sentí el amor como nunca en el estado de vigilia había sentido. Lo singular de este sueño fue que en el momento tomé conciencia de aquello y pensé que debía tomar datos, observé la casa y me orienté.

– ¿Cómo volvemos ahora al hospital si no hemos traído coche? – me preguntó mi silencioso compañero.

– Con el pensamiento. –le contesté yo.

Observe la casa que era típica de los pueblos de la huerta de Valencia, con dos plantas y una vivienda en cada planta. Con una pequeña puerta lateral que daba a la escalera para subir a la vivienda alta. En frente de la casa, no había otros edificios y se veía la huerta hasta la ciudad de Valencia. Desde ahí me orienté y supe donde estaba mi pueblo natal y la dirección del hospital. Identifiqué el pequeño pueblo, que era una pedanía de la ciudad.

Mi hermano se encargó posteriormente de investigar la muerte que tuvo lugar ese día. Se confirmó el hecho. Un hombre joven había fallecido de cirrosis aquella noche. No quise investigar más, pero sí tuve claro que estaba más que dispuesto a realizar ese trabajo siempre que hiciera falta. Supongo que los hago muchas noches, pero ya no los recuerdo ni soy consciente de ello.

Posteriormente me relatan historias amigos de mi grupo espiritual actual, de casos muy interesantes, como verse de pronto acompañando a una muchacha que estaba aterrorizada en su casa, o visitando a un preso en la cárcel. Estos estaban vivos, lo que hace muy curiosas estas vivencias.

No es infrecuente, que en las reuniones de nuestro actual grupo, alguna vez aparezca –el que es vidente lo ve–algún ser que pide luz. No invocamos a nadie jamás. Recuerdo que en la casa que mi esposa e yo tenemos en el pueblo donde nací, hacíamos una reunión con oración, meditación, etc. De pronto mi amiga Amparo que es la que habitualmente recibe los mensajes y lecciones *de arriba*, dijo:

– Aquí hay una abuelita todo el rato, mirándonos, le he preguntado *qué quiere* y me dice *que ver.*

Curiosamente mi casa está cerca muy cerca del cementerio del pueblo. Le mandamos luz y ayuda de los ángeles. Según mi opinión, estos seres que quedan pululando por la Tierra o por sus antiguas casas, son seres desencarnados, que no son realmente conscientes de su muerte o que se han negado a pasar el umbral por miedo. Están un tiempo hasta que del otro lado les ayudan. Este proceso será más rápido, si somos capaces de ayudarles.

La primera vez que mi esposa e yo estuvimos en Egipto, nos acompañaba una de nuestras hijas, Paloma la más pequeña. Entonces tenía catorce años, pero era más madura y sensata que las chicas de su edad. Ahora es licenciada en Ciencias del Mar. El viaje no era sólo de placer, fuimos en parte para acompañar a nuestro amigo Rafael esposo de Piedad en su última ilusión que era volver a Egipto. Estaba convencido que en una vida muy anterior vivió en Egipto con su esposa Piedad. Se le había diagnosticado un melanoma maligno con metástasis y en estado avanzado. De hecho cuando llegó a la ciudad del Nilo, estaba aún suficientemente fuerte, pero rápidamente empeoró obligándole a quedarse en el hotel.

Con nosotros venia un matrimonio que actualmente pertenece a nuestro grupo espiritual. La esposa es médium –persona que puede recibir mensajes o incorporar seres desencarnados–. Estábamos visitando el templo de Karnak y Luxor y se nos ocurrió encender una vela para hacer un trabajo en el *equivalente al sanctasanctórum* del templo de Luxor. Sabíamos que la gran hermandad Blanca tenía en Luxor a nivel etérico un centro que regentaba el maestro Serapis Bey. De aquí la idea de hacer una pequeña meditación.

De pronto nuestra amiga Joana se desvanece y comienza a hablar en una lengua desconocida. Los vigilantes del templo, cortaron el acceso a los turistas hasta que aquella situación pasara. Al final se recuperó, pero nos había dado un gran susto. Este hecho se repitió visitando una tumba en el Valle de los Reyes. Entre fantasmas estábamos, seres espirituales muy ignorantes, una vela *y la bomba*.

A nuestra amiga se le rogó que se hiciera una protección para que no le volviese a suceder estos fenómenos desagradables. Su don o cualidad –no se cual es su raíz– pero encontramos que no es sano ni positivo, permitir esta clase de contactación aunque fuesen no intencionados. Pienso que esos seres desencarnados y perdidos no tienen derecho a manifestarse utilizando a alguien que es sensitivo y abierto. Lo hacen porque están en el mundo astral, lugar de confusión y desean hablar con encarnados.

Habitualmente cuando nos encontramos con situaciones de este tipo pedimos a los ángeles, sobre todo a Miguel, que tome el mando y lo envíe donde corresponda. Nosotros entonces hacemos una pequeña oración pidiendo luz para el espíritu o alma perdida. Estas situaciones son más que frecuentes y se alimentan del miedo que produce el pensar que un espíritu te ronda. Ese espíritu es un alma despistada sin su cuerpo que intenta como puede comunicarse y ver luz en su oscuridad.

Su chispa divina no parece que actúe y ese es un misterio que trataré de descifrar y comprender. La pregunta es: Si somos seres divinos, con un alma que aprende y reencarna, con una personalidad que es el ego inferior que no se puede manifestar porque está en otra dimensión en un cuerpo astral, ¿por que se permite que desde ese astral se pegue a otros que están con su cuerpo en la Tierra viviendo su vida encarnada?

Se pueden hacer muchas conjeturas, parece claro que seres atrapados en el astral por sus apegos y vicios quieran continuar sintiendo su obsesión en otros de su misma clase o igual apego. El alcohólico con otro alcohólico, el sexista con otro igual. ¿Hasta cuándo? Hay un dicho que advierte el que no te metas donde ni los ángeles se meten. Todos tienen a su *Ser Superior* y a su ángel, lo duro es que sólo si son llamados y reclamados actúan.

Para *el Ser* una muerte no tiene importancia, es un transito natural como la vida, y el tiempo que ande perdido el espíritu por cabezonería o miedos no importa mucho, también es parte de su aprendizaje. Ante casos semejantes funciona muy bien el apoyo del grupo.

Muchas veces en trabajos o reuniones espirituales se manifiesta alguien pidiendo ayuda para un familiar o es el espíritu el que aparece. Esto no es un tema de miedos, porque tú también eres un espíritu temporalmente confiado a un cuerpo. *Solo que él o ella, está alma perdida, no sabe a veces cual es su propia situación.* El grupo puede orar y mandarle un chorro de luz para que encuentre el camino para volver a casa, a la otra dimensión de donde vino al nacer. Pedir que seres de amor que están en el otro lado la recojan y la lleven a casa.

La evolución del ser

Es fácil comprender esto, que cada persona siendo igual a las demás está en diferente grado de conciencia. El niño párvulo, no sabe del peligro que es trepar a un árbol o romper un cristal o darle con una piedra a otro niño por una discusión.

El hombre menos evolucionado actúa como el niño: es egoísta, irreflexivo, violento a veces. Estos actos serian más condenables si en vez de tratarse de un niño, fuese alguien del último curso de bachiller.

El joven ya conoce las leyes pero vive y experimenta con la velocidad, el alcohol, las drogas más o menos fuertes. Aún no está maduro pero ya no actúa como el niño. La madurez es reflexiva y responsable, y la vejez es sabia.

> *Como es arriba es abajo, dice la antigua frase del tres veces sabio. Igual que no podríamos juzgar a un niño pequeño por su maldad irreflexiva, tampoco lo podremos hacer con el hombre que está en una fase primaria de evolución.*

En mí opinión y en la de muchos seres que buscan la verdad, los antiguos alquimistas, conocedores de secretos velados entonces para el pueblo, conocían también la rueda de la reencarnación. No como los hinduistas la entienden, pero igualmente al aceptarla, abrían las puertas de la comprensión de la existencia. Para llevar este conocimiento al pueblo, de forma oculta, inventaron el «Juego de la oca», que no es otra cosa que *el juego de la rueda de las vidas.*

El ser va tomando vida tras vida evolucionando y aprendiendo como los párvulos. Cuando encuentra un ganso u oca, en el juego pasa de oca a oca. El ganso u oca es en la antigua ciencia de los alquimistas sabios, un ser de sabiduría que con sus enseñanzas, hacían evolucionar al ser humano en el camino, ahorrándole vidas de aprendizaje y dolor. En la simbología un ave de plumaje blanco, como es el cisne, es un ser que ha alcanzado el nivel de conciencia de saberse *Yo Soy Dios*.

En las visualizaciones que mi grupo ha tenido, frecuentemente es una gran ave, un cisne u oca el que nos transporta en sus alas entre sus plumas. La espiral –como la rueda del samsara de los budistas– en el juego de la oca, termina en el lago donde están los gansos u ocas. Lugar al *otro lado* donde se llega después de un periplo largo, de haber aprendido y crecido en amor y sabiduría. Actualmente toma un sentido más comprensivo. Se trata de pasar de dimensión, como los maestros que ya están es esa dimensión de paz y armonía.

Ya de joven estudiante, me hacía preguntas sobre la actuación, de Dios ante catástrofes y situaciones difíciles, como un cáncer en un niño de cinco años o las muertes de seres queridos. Me preguntaba por qué unos tenían tantas oportunidades en la vida de ir a un buen colegio, tener buenos padres y otros era desechados por la sociedad, como aquel hijo de una prostituta, que dedicado al tráfico de drogas, terminaba en una esquina asesinado. Entonces me preguntaba ¿es que él era un hijo de prostituta e yo un hijo de Dios? Las contradicciones eran tantas que las respuestas de las iglesias sonaban a pobres «los misterios del Señor son inescrutables».

Creo que él nos da la capacidad de entender y que sí son escrutables cuando dejas la cerrazón mental. Según yo creo, tú fuiste guerrero, esclavo, rey o reina en la historia de tus existencias. Para *ser perfectos como nuestro Padre es perfecto* necesitaría miles de vidas y enseñanzas. En ese camino estamos, en el regreso a casa con el Padre. Hasta la Iglesia reconoce que somos eternos. Si eres eterno no apareciste hace unos años al nacer, sino que tu existencia esta fuera de tiempo, antes de que la Tierra existiera tú ya eras.

Según creemos, el Ser es eterno, y por tanto existe y es antes de nacer. Él prepara la experiencia de la próxima vida y las circunstancias que le harán evolucionar, elige a los padres dentro de unas ligazones anteriores de amor o desamor. Un ejemplo sería, que en una vida anterior una hija abandona a sus padres y actúa egoístamente. La próxima vida, ella será la madre y su madre anterior su hija. De esta forma se trata de aprender a hacerlo bien y cambiar por amor las actitudes equivocadas, aunque sean de un crimen. Para el espíritu, la vida es una escuela donde el Ser aprende y asciende desde lo material y duro ,a ser luz y amor.

Creo que en el Hombre, se distinguirían tres partes fundamentales, la réplica de la Trinidad de la religión, como es arriba, es abajo. Una sería el alma, otra el ego con su mente y otra superior el Ser. Ese ser sería la chispa divina, el enlace con el creador, el sabio interno. El alma es la energía que transmigra o reencarna para aprender, el ego seria el personaje que representa en cada función. Esa alma enriquece al uno con sus experiencias. El Ser es uno y todos. Es de la misma naturaleza que el Padre. Esto se repite hasta el infinito. Dios Padre nuestro es una manifestación de Él en este sistema. Digamos que es el Sol. El sol es el padre de la Tierra, le da luz y la mantiene viva. El sol está girando alrededor de otras estrellas como Alcíone de las Pléyades. Cada galaxia tiene un sol central que es Dios comandando a los otros que están en cada estrella. Y *el Uno* es, el Padre-Madre de todos los mundos, de todos los universos y formas de vida. De Él venimos y a Él vamos. Es como un ser compuesto de trillones de células, cada célula tiene el mismo código genético, es replica del Ser central y todas esas células forman el Uno.

Tú e yo somos pequeñas células del Dios Central de Todos los Universos. «Yo soy la luz del mundo» dijo Jesús. Físicamente la luz del mundo es el Sol. Los egipcios eran más profundos y sabios de lo que pensamos. Christian Jacq describe en el libro «El Origen de los Dioses» en su prólogo datos extremadamente importantes e interesantes. Lo más curioso es comprobar que eran más sabios cuanto más antigua en el tiempo era la dinastía. Ya en los Tolomeos había desaparecido gran parte de su sabiduría ancestral que quizás vino en la noche de los tiempos de seres procedentes de *Atlántida* o de las estrellas. ¿Quién sabe?

El comprender esto, cambia el concepto totalmente. Comprender que nadie te juzga más que tú mismo, que en lo que llamamos *arriba* hay comprensión y amor. Suponte que estás haciendo una obra de teatro, Hamlet por ejemplo. En ella debes matar y hacer cosas aparentemente malas. ¡Bueno! Es una obra de teatro. Cuando sales del teatro, tus familiares te reciben felices y te dan la enhorabuena por la función y os vais a casa. Pues eso es lo que pasa con tu vida y tu muerte. Nadie te juzga solo te aman.

Lo duro es el aprendizaje de la vida y como los cabalistas explican, para llegar al Padre puedes ir por el camino de la derecha que es el de la gracia o de la izquierda que es del dolor. Casi siempre por ignorancia vas por el del *dolor* hasta que despiertas y comprendes el gran juego y entonces decides ir por el de la *gracia*.

Lo terrible sería, que el actor de la obra creyera realmente que es el personaje y se escondiera sin reconocer nada, ni familiares, ni casa y se quedara fuera del teatro sin saber dónde ir y que hacer, con grandes sentimientos de culpa y dolor. Esto es lo que pasa cuando un ser muere y no pasa a la luz o la rechaza. Es frecuente que esas almas perdidas solo esperen a que se les salve y les saquen de su absurda situación.

La reencarnación: por qué y cómo

El humano es un ser en evolución. Las religiones dicen y aceptan que el Ser o alma es eterno. Todo en el cosmos es cíclico y está en evolución.

«Ser perfectos como mi Padre es perfecto» esta frase pronunciada por Jesús indica el camino de evolución del ser humano. Para ser perfecto se necesitarían miles de vidas. La evolución es la forma de que el hombre adánico primitivo, llegue a ser un ser divino. Todos los seres tienen la oportunidad de llegar al Padre, pero en un periplo muy largo de aprendizaje.

Por el contrario si pensamos que esto no es así, que no hay más que una vida, una oportunidad, es cuando entramos en el absurdo y pensamos en el destino de ese Dios que juega con nosotros de esa forma. Decide ese Dios que el niño desarrolle un cáncer que le hará morir en pocos meses, que se asesinen inocentes, que exista gran injusticia en el planeta. ¿Por qué? La respuesta sería desconcertante. La verdad está cerrada para muchas religiones que se obstinan en una sola vida, un infierno y un cielo.

Me resulta realmente patético y pobre el planteamiento de las religiones. Como he comentado en otro momento, cada uno está en un grado o clase en el aprendizaje Unos están el primaria y otros en último curso de la carrera. El que se licencia ha sido párvulo hace muchas vidas, y el párvulo de hoy será maestro algún día, cuando termine su ciclo de aprendizaje. El comprender esto, hace que la incomprensión de lo que llamamos designio o voluntad divina desaparezca. Dios y su universo no son azares o imperfectos en sus planes. Todo está bien. Esto es una escuela para seres con la esencia divina que busca su verdad. Por supuesto el descubrir la verdad y lo que realmente eres te hará libre.

Existe una necesidad intemporal para que el alma crezca y alcance la evolución de conciencia. En el periplo de la vida, el hombre comete grandes y pequeños errores que son comprensibles. Al igual que el párvulo los comete hasta que aprende a respetar a sus compañeros, a leer y aprender a ser un hombre o mujer completo. *Como es abajo es arriba. Esto se sigue cumpliendo siempre.*

He tenido la suerte o gracia de recuperar recuerdos de vidas pasadas. Unos de forma muy fugaz otras más detallados. Será una realidad que solo tú puedes aceptar como tal. Es difícilmente transmisible lo que se siente. Pueden venir como una visión fugaz, durante una relajación, en una meditación. Puede aparecer en un sueño, donde te ves a ti con otro aspecto, en circunstancias y épocas distintas a la actual.

Recuerdo una ocasión en la que me ofrecieron una relajación dirigida con masaje metamórfico. La idea me pareció interesante, se trataba de activar la memoria celular que dicen perdura vida tras vida. La teoría me parecía descabellada pero accedí. Me resulta difícil dejar callada a la mente y me cuesta dejar el control y el análisis de lo que sucede. Pese a mi resistencia, en determinados momentos, me vinieron imágenes que no eran lógicas el que mi mente inventara.

Cuando me tocó la rodilla, en mi mente vi una muchacha joven, a la que le dolía la rodilla y que otra muchacha se la sujetaba y ayudaba. La joven llevaba túnica sencilla y tendría entre diez y ocho años. Difícilmente me podría inventar el que yo fuese mujer en otra vida. Quizás porque mi heterosexualidad está muy patente o porque me falta perfeccionar mi lado femenino.

Cuando tocó mi cadera derecha, me apareció una visión de un hombre pequeño, de piel morena, con entradas y cojo de la cadera derecha. Al mismo tiempo me vino la información, estaba sentado en una escalinata de un edificio importante de la Roma imperial. Era esclavo pero feliz. Era muy querido por la familia a la cual pertenecía. Este pensamiento era improbable que me lo inventara.

En aquel momento me vino un paquete de información *que mi ser me permitía ver*, quizás para hacerme comprender que aquellas visiones eran más reales de lo que suponía. Tuve en otra ocasión un sueño donde me veía con un aspecto distinto al actual, en una época aproximada del siglo XVIII en Francia. Mi esposa era la actual pero con aspecto distinto. Viví en ese sueño, circunstancias que me aclaraban problemas que ahora aparecían y que eran réplica de entonces.

En ese juego de la Oca o rueda de la reencarnación, lo único permanente es *el Ser*. Vida tras vida vamos descubriendo quien Soy yo, el gran tema. Hace unos años, hice un trabajo de introspección ayudado por José Antonio Campaña. Este singular hombre trabaja de una forma curiosa para ayudar al descubrimiento del Yo interior. Lo que lograba habitualmente eran vivencias de tu vida actual o pasada. Te ayudaba que de forma temporal abrieras una puerta del subconsciente o el súperconsciente, para ver tus resistencias y pegas para tu desarrollo, y apertura de conciencia. Él ayudaba a descubrir esos bloqueos y a romperlos. Un trabajo muy interesante con posibilidades enormes en el estudio del Ser, *descúbrete a ti mismo*.

En una sesión, hice un ejercicio de entrar en mí como si fuese un pequeño ser adentrándome en mi propio cuerpo. Percibí una zona oscura y densa que más o menos correspondía a la región esplénica (bazo). Me acerqué, adentrándome en la oscuridad. Lo curioso fue descubrir unas imágenes veladas, de una persona en posición fetal, en un rincón oscuro de un convento en un claustro. A continuación me vino todo un paquete de información que resultó muy interesante. Aquel ser era un sacerdote copto ortodoxo. Era sobre el año 1000 de nuestra era. Ese pope, estaba sufriendo remordimientos por haber negociado con reliquias de santos que en ese tiempo eran muy cotizadas por poderosos y reyes. Ese hombre no se perdonaba y estaba en su infierno mental de culpabilidad. Le pedí que levantara la cara y él se negaba. Hasta que alzó la vista y me vio que le llamaba desde un lugar de luz. Ese ser era yo.

Lo que aprendí fue mucho, lo primero es que al no existir el tiempo para la otra dimensión el alma que fui estaba prisionera por su culpa mental e yo ahora podría *salvarle*. Comprendí que los purgatorios e infiernos, son creaciones mentales que son muy reales para el desgraciado que los sufre. Esos seres que hemos sido, han dejado su impronta en nosotros, en forma de miedos, fobias, odios y virtudes.

Yo sufría hasta entonces una aversión y desagrado ante las actividades de las iglesias y sus negocios. Siempre había criticado los cultos a santos y temas que se removían en mi interior. Despreciaba lo que yo había sido y era el reflejo del sentimiento de aquel cura medieval que traficaba con reliquias. Él había construido un estado mental de castigo merecido, según su esquema mental y el de su religión, él merecía el infierno o el purgatorio. Ese sentimiento o recuerdo del que fui, mandaba mensajes a mi ser actual, haciendo que sintiera aversión ante estos temas de religión. Cuando comprendí aquello, desapareció el rencor hacia estos que yo consideraba manipuladores de las verdades espirituales.

> *Al tener que perdonarme a mí mismo, perdonaba a los demás. Logré paz y eso es importante.*

Una amiga que estaba presente en aquella sesión, vio perfectamente lo que yo luego narré. Todo está en nosotros y deberemos aprender a comprender y perdonarnos por los errores del pasado. Creo pues que todo aquel que está seriamente investigando el camino de la luz, debería buscar sus vidas pasadas, pues será su *Ser Superior* el que le dejará verlo si tú lo pides. La búsqueda debería ser guiada por un maestro o maestra que sepa conducirle.

Conocí hace años a un personaje –que averiguó o quiso que así fuese– que en anterior vida fue un importante miembro de la Logia Masónica, y que se había dejado un mensaje a sí mismo para la vida actual, dándole claves para buscar *un tesoro*. No sé que se habrá hecho de este personaje, pero su obsesión no podía llevarle a buen puerto. Supongo que el tesoro no apareció, pero lo que si estaba claro es que desperdició su vida buscando las glorias del pasado.

Es curiosa la frecuencia de casos de fobias y manías que el ser humano sufre. Algunas disimuladas o poco traumáticas, como la fobia que yo sentía hacia las iglesias, sobre todo a sus representantes. Se han hecho muchos estudios con hipnosis regresiva para descubrir las causas de fobias y comportamientos extraños. Los psiquiatras y psicólogos se quedaban extrañados cuando en hipnosis relataban hechos de otra existencia, y lo más tremendo era que al recordar la razón de su fobia, esta desaparecía. Es casi imposible demostrar si son reales estas vivencias o apenos juegos de la mente, pero lo que sí está claro es que muchas fobias se han curado a través del este tipo de recuerdos de otras vidas.

El que está despierto es el que escucha, ve e interpreta los signos que le hablan.

Recuerdo la impresión que sufrí cuando por primera vez entré en el *Musée du Louvre*, de París, en la sala *La Fayette* dedicada a la exposición de antigüedades del antiguo Egipto. Fue una visita familiar. Llevaba a mi hija pequeña Paloma en mis brazos. Al contemplar aquellos objetos, sentí una profunda tristeza que me hizo llorar desconsoladamente. Me oculte para que no apercibieran mi situación hasta que me pasó. Jamás había sentido una impresión tan fuerte y no soy hombre de fácil lágrima. Fue como si viera cosas muy queridas de mi niñez y que ahora estaban expuestas en un lugar extraño.

Sí, realmente he vivido en Egipto, sé que mis emociones así lo afirmaron. Debió ser una vida muy feliz, pues marcó mi alma para siempre.

En nosotros está todo lo que fuimos. Somos seres que llevamos la memoria de otras vidas, y ahora en la vida actual, las manías, fobias y tendencias están aún vivas dentro de ti, desde antes, mucho antes, cuando eras soldado y pasaste tanto miedo, o mujer que padeció la muerte de sus hijos... y por tantas otras tragedias pequeñas y particulares. *Conocerse a sí mismo, también implica a todo tu ser y sus vidas.* Todo está bien, aunque en otra vida fueses un asesino o un perverso. Era tu aprendizaje.

> *Cuando mueras al final de esta vida, tu ser volverá a casa y comprenderá el porqué de cada acción y las consecuencias que han producido. Habrá terminado tu clase y el maestro te mostrará tus errores y bondades. Siempre sin reproche solo con amor.*

Tiempos de revelación... tiempos de Apocalipsis

Se dice que en estos tiempos, se dan a conocer no solo a los sabios sino al pueblo, las verdades espirituales. Estas verdades se darán porque la vibración y estado de conciencia de los humanos ya han alcanzado un nivel de evolución suficiente para comprenderlas.

Las crisis de fe dentro de las religiones son factores a tener en cuenta. De las crisis surgen a veces las verdades ocultas y se rompen los tabúes y dogmas que atenazan a los creyentes.

Para mí, estamos en esos tiempos predichos en el Apocalipsis de Juan. Nunca como ahora se esta impartiendo desde el plano superior tanta información a grupos y personas en particular. Los mensajes que se están dando ahora con Internet nos permiten cotejar que son los mismos mensajes dados a grupos en Argentina, en Escocia o en España. Nos asombra la concordancia de estos hechos y a eso llamo Revelación.

En este libro cito escuetamente algunos párrafos de las revelaciones recibidas en nuestro grupo. Revelaciones transmitidas de forma telepática como explico en diversas ocasiones. Cuando el Ser está preparado, se abre una puerta de comunicación con planos más sutiles.

Estoy tratando de simplificar mi aprendizaje de años de búsqueda para hacerla comprensible, porque estamos gloriosamente en el tiempo más importante de la historia del hombre desde Atlántida. Las viejas culturas lo indicaban y los que tienen *ojos y oídos* lo saben.

Estamos en tiempos de Apocalipsis o de revelación. Época del gran cambio de la Tierra y de la humanidad. Época anunciada por Elías, Jesús y Juan evangelista. Ya hace tiempo, unos veinticinco años, nuestro guía al que nombro al principio de este relato, nos advertía de la urgencia del tiempo, nos decía que ya no era tiempo de pasos de hormiga sino de gigante. Que había que coger fuerzas para el gran salto. Que procuráramos aumentar la vibración de todos.

> *Nos instaba a entrar en el silencio –meditación–, a que nuestros pensamientos, palabras y hechos fueran correctos y de amor, nos decía: «Mucho cuidado con lo que pensáis, más cuidado con lo que decís, pero más cuidado con lo que sentís». Lo que parece claro, es que arriba no sienten ni piensan con nuestros limitados conceptos.*

Ante los grandes desastres, que ahora son tan continuos, con tanta muerte y desolación, ellos no lo ven con nuestros ojos, porque saben que somos seres de luz, espíritus y no cuerpos. Dejar el cuerpo para ellos, no es desgracia ni terrible, ni dolorosa. Lo ven con ojos de verdad y no de apariencia. Terrible es el dolor que dejan en los familiares la pérdida del ser querido, pero para ellos no es tal.

Ciertamente estos acontecimientos irán en aumento hasta unos niveles impensables. El cambio es evidente e inminente según creemos y se nos informa. Este mensaje es conocido por multitud de grupos en todo el mundo. Grupos metafísicos espirituales llenos casi todos de buena voluntad y otros oportunistas que más piensan en el dinero que les reportarán los libros o los panfletos de los hermanos mayores, de los *guardianes de la llama*.

Deberéis saber, que la parte oscura de la facción metafísica que trabaja para que la luz no se expanda, es sabia y poderosa. Que estamos en guerra abierta con ellos y que actúan con el poder económico de muchos países, son sibilinos para manejar las opiniones de la masa humana. Su descaro es tan evidente que los frutos se ven claramente en la economía, en el egoísmo de países que juegan a ser solidarios, pero que priman el capital a todo lo demás. Existen unos señores que manejan toda la economía y la información de la Tierra, ¡hasta lo que dices con tu ordenador personal!

Parece ser que los poderosos de la Tierra, contactaron ya hace mucho tiempo con entidades extraterrestres, esa información será desvelada. Estas entidades, les dieron la tecnología perfecta para dejar de contaminar, les pidieron que terminasen con el hambre y la injusticia en la Tierra. Esos señores del mundo no han hecho caso de las advertencias y el plazo expira. El *ultimátum* se dará. Este es un mensaje que aparentemente se puede cumplir, sólo podemos esperar a que ocurra o no. Sería bonito ver –si así sucede– la cara de los que dicen que controlan el mundo.

> *«Estar pendientes de los mensajes que a vosotros os llegan a través de vuestro corazón. Apartaos del ruido interno y permaneced atentos a esta llamada. Las voces se dejan oír en todo lugar y a toda hora, solamente vosotros con vuestro ruido interior no sois capaces de atender. ¡Atención!»*
>
> *Fragmento de una comunicación de Omaras*

Trabajos de luz

Desde que aprendimos algo de lo útil que sería trabajar por la Tierra, aprovechamos para hacer trabajo allá donde íbamos.

Desde hace treinta años que tenemos un autocaravana que vamos renovando. El viajar así era y es la gran ilusión de mi esposa. El tener tus cosas, tu cocina, camas y baño allá donde fueres, era fundamental y más para una familia numerosa como la nuestra. Mis cinco hijos se acostumbraron a viajar y así conocieron Europa casi en su totalidad. Pronto combinamos el gusto de viajar con los trabajos espirituales.

Uno muy significativo fue con nuestro amigo Manuel que se apuntó a un viaje para que conociéramos Paris. El viaje resultaba delicioso hasta que nos propusimos dormir en Paris. Se puso la cosa muy incómoda por falta de campings cómodos. Tal fue que nos propusimos una nueva ruta, intentar llegar a Inglaterra y hacer un trabajo en la zona de Amesbury en Stonehenge.

El gran inconveniente era el dinero. Nuestro amigo Manuel sugirió que si le daban cien mil pesetas con su tarjeta, podríamos ir a Inglaterra. Su tarjeta tenía un límite de cincuenta mil pesetas. Resultó que le dieron las cien mil sin pegas. Los signos eran buenos y *los de arriba* estaban con nosotros. Partimos hacia el norte, de Calais a Dover, pronto llegamos a Gran Bretaña.

Fue un viaje inolvidable, el final de la ruta eran las formaciones megalíticas más famosas del mundo. Cuando llegamos ya era tarde y había escasos visitantes ya. Esto nos dio pie a poder hacer una meditación y un trabajo de fuego violeta en aquel lugar energético tan especial.

Los chicos en la meditación visualizaron hechos curiosos. Pablo veía batallas medievales y gran ajetreo. Los otros dos visualizaron una escena curiosa: vieron un grupo de gente cogidos de la mano, mantralizando algo. En el centro como en un ara un personaje con barbas blancas invocaba y salía luz de la tierra y del cielo, juntándose en el altar. El trabajo consistió en invocar a los maestros de la luz violeta en el nombre del poder del *Yo Soy*. Invocamos a los ángeles de ese rayo, al arcángel Zaquiel, para que formaran una columna permanente de luz violeta en aquel lugar.

No íbamos dirigidos por nadie, no pertenecíamos a ningún grupo espiritual ni seguíamos normas de nadie. Éramos seres inocentes que habían descubierto un poder de invocación que funcionaba. *Hacíamos oídos al dicho metafísico de que todo llamado tiene respuesta en el mundo espiritual* y más si se trata de trabajos de luz. Lo curioso fue después, en el viaje de vuelta.

Como he comentado con anterioridad la contactación nos llegaba por vía de mi hijo Pablo –que entonces tenía once años de edad– y nuestro entrañable amigo Manuel. Ya volviendo por Francia dirección a los Pirineos vascos, pasando Burdeos, le comenzaron a dar citas bíblicas a Pablo. Esto ya era habitual, lo que no era habitual, es que al escribir las citas en el orden que le daban, no era un tema concreto, sino todas las narraciones de comunicaciones angélicas a humanos, del Viejo y Nuevo Testamento. Aparcamos el hecho y continuamos viaje.

Sucedió que estando en la carretera entre Zaragoza y Teruel con dirección a Valencia, se nos soltó un amortiguador de la vieja furgoneta autocaravana. No pensaba parar pero aprovechamos para cenar mientras arreglábamos el amortiguador. Era noche estrellada sin luna y curiosamente a las once de la noche no había tráfico por la carretera. Sucedió que comenzaron a aparecer luces en el cielo, que no describían una línea recta de ruta, sino quebrada. Vimos varias y mi amigo Manuel se le ocurre decir «si sois vosotros hacernos una señal».

En el horizonte se vio al segundo de decirlo, un fogonazo de luz. Comenté que eso no tenía valor, que podían ser las luces de un coche que nos enfocó en ese momento. Manuel como un buen niño que era, repitió la petición dos veces más y las respuestas fueron inmediatas. Asombrados y excitados, comimos la estupenda cena que nos había preparado mi esposa Amparo, experta en improvisar lo más suculento de la casi nada.

Igualmente extraño fue que mi hijo mayor Guillermo, se negara a cenar esa noche. Que un chico de diecisiete años se niegue a cenar sin estar enfermo era harto extraño. Continuamos el viaje. Guillermo se colocó de copiloto y Emilio mi segundo hijo detrás en un asiento supletorio. Se me ocurrió pedirle a mi hijo Guillermo, que ya que estaba en ayunas, se relajara y dejara su mente en silencio por si le venía algo. A los pocos minutos me dice:

– ¡Ya papa, me entra fortísimo como un cañonazo!

– ¿Te entra el qué? –le interrogo.

– Me vienen comunicados en forma de ideas totales que yo te puedo traducir con mi forma mental. –me explica.

Comienza la comunicación que por desgracia no pudimos –o debimos– copiar o grabar. Recuerdo que le hice preguntas que antes de mencionarlas me contestaba mi hijo con gran contento y risas. Le pedí que preguntara quien se comunicaba. Esperaba el nombre de algún supuesto extraterrestre que antes se había manifestado con las luces. Mi sorpresa fue que me dio el nombre de un genio solar de la Cábala. Uno de los setenta y dos rostros del Padre un ángel solar. Conocía el nombre y lo identifique, por un libro de Kabaleb sobre los setenta y dos genios solares de la Cábala. Coincidía que era el genio de la Cábala que operaba sobre los mortales nacidos el 21 de abril, fecha en que nació mi hijo contactado. Sus respuestas eran certeras y sin florituras. Cuando hacía una pregunta poco oportuna me decía que eso no me correspondía saberlo entonces.

Recuerdo cual fue la respuesta ante la pregunta de quién fui yo en otras vidas. Me contestó que no me podría imaginar lo que fui, pero ahora no era el momento. Nos contó que las ballenas y delfines, son seres espirituales que evolucionan con nosotros en la misma Tierra y que en la dimensión del ángel, habían seres que habían sido ballenas y delfines. El viaje se me hizo cortísimo y de pronto me di cuenta que ya estaba en la zona del monasterio de Gilet a pocos kilómetros de nuestro destino donde ya la conversación se terminó.

Estaba claro que nos habían apercibido de la comunicación angélica que tuvimos. Fue de forma telepática y como regalo al trabajo de Inglaterra. Todas estas historias han fortalecido la confianza o fe en este camino. Si nos pasan esas cosas tan fuertes, es que estamos en el buen camino. Todos podrían lograr comunicación directa con los seres de luz, pero lo más importante sería contactar con el maestro Interno, nuestra chispa divina. Esto no es una fábula, si me atrevo a contar estas cosas es porque deseo hacer ver al lector, que hablo con mi verdad y con el corazón.

Que estamos mi familia y amigos metidos en una aventura con la Tierra y los planes de Dios para ella. Como en mi anterior libro «Los elegidos sin nombre», hacía ver que la revelación se da a los humildes de corazón, a los que son como niños sin tanto prejuicio. Comprendiendo el mensaje del maestro del «Sermón de la Montaña» y el cumplimiento de aquella profecía de Jesús se va a cumplir ahora. Ese sería el mensaje que me atrevo a gritar, que ya es el tiempo.

Viajes como a la ciudad de Chartres –en el noreste de Francia en el departamento de Eure a ochenta kilómetros de la capital París– con su famosa su catedral, destacada por su laberinto y por ser arquitectónicamente una joya del gótico. Con espectaculares vitrinas del siglo XIII y la cripta más grande de Francia, además de una virgen negra –posiblemente precristiana– de gran valor y su laberinto mistérico que está en el suelo de la nave principal. Nuestra visita fue aparentemente sin grandes efectos.

Nos gusta Francia y aquel lugar lleno de historia nos ofrecía un laberinto conocidísimo en el mundo esotérico que pocos comprenden su profundo significado. Para nosotros era un mensaje de aquellos constructores de catedrales a los posibles iniciados en la gaia ciencia. Idioma enrevesado y secretico que ahora ya no tiene sentido. En este tiempo de revelación hasta nosotros ignorantes podemos aprender, comprender y asumir más fácilmente que aquellos sabios. Nos colocamos debajo de la cúpula e hicimos una pequeña meditación intentando sentir las energías. Recogimos agua del recinto pensando que era el mejor vehículo para poder integrar en nosotros la energía del lugar.

En Lourdes en el Pirineo francés, lugar bellísimo entre montañas y frondosa vegetación, parece que se apareció la virgen o *la señora*, para Bernardette Soubirous. Un lugar muy mágico donde se manifiesta la Madre de forma clara, como lo hizo con la niña. Cuando nombro a la Madre, me refiero a la Madre Tierra, el gran ser que es espiritualmente la Tierra, también llamada Isis, Gaya, Gea, Cibeles... la Madre. Ella se manifiesta a seres humanos preparados como una mujer joven y hermosa.

En otra excursión con mis amigos Piedad y Rafael, se me ocurrió pedirle a Piedad, que intentara relajarse y dejarse llevar a la época en que la niña vio a la señora. Estábamos sentados viendo la procesión de las antorchas, nuestra amiga ya estaba acostumbrada a conectar mentalmente con la historia de un lugar por lo que llaman *psicometría*. Su narración fue poco más o menos esta: «He visto un grupo de niñas que iban a cruzar el río, se habían descalzado y se ponían las botitas en el cuello. Una de ellas se quedó retrasada. Creo que esa niña estaba enferma de los pulmones y se encontraba fatigada. Por el camino se le acercó una señora que estaba preocupada por el estado de salud de la niña».

Hizo una descripción de como era ese paraje en la época. Entonces Piedad salió del estado alterado de conciencia diciéndome que no sabía si realmente lo veía o era su imaginación. Esa pregunta siempre se la hacen las videntes reales, es corriente la duda. La confirmación vino luego.

A la mañana siguiente, fuimos Rafael e yo a buscar la historia de Bernardette. Encontramos una que narraba en lengua de Oc –occitano lengua similar al catalán– la traducción en español de lo acontecido y las respuestas reales de la niña. Esa niña según narraba el libro, padecía de asma bronquial grave, detalle que ignoraba nuestra amiga Piedad, murió joven de tuberculosis ósea. *La Señora* no la curó. Esto es un dato comprobable. En estos menesteres, sabemos que la casualidad no existe y no interesaba el revelarnos toda la verdad de lo que pasó. Conociéndome, ahora comprendo el porqué.

En un segundo viaje que realizamos con nuestro amigo Manuel, pudimos sentir, percibir las energías del lugar. Estaba toda la zona de la gruta, impregnada de dolor y tristeza. También se pudo por mi amigo detectar la presencia de un gran ángel en la zona. El tema de la enfermedad y del posible milagro de aquel lugar es un tema muy delicado sobre el cual intentaré dar mi opinión.

> *Así como la señora no curó a Bernardette, así como no cura a la mayoría de los que acuden con la esperanza. Si estudias las estadísticas, son deplorables, tristísimas. ¿Por qué?... Porque cada persona tiene un destino predeterminado y acepta antes de nacer un rol y un tiempo a cumplir.*

El alma elige a su familia, por motivos de ataduras antiguas para cumplir y aprender las acciones correctas. Muchos no pueden creer esto, pero el alma aconsejada por su grupo al otro lado, decide volver aunque las condiciones sean durísimas. Siempre hay un motivo, que se escapa al conocimiento del ego. Para el Ser, una vida apenas es nada. El tiempo es relativo en esta existencia en la Tierra, pero no es real para el espíritu.

Acepta el papel que se le ofrece, para aprender o ayudar a otros. Plan que al nacer se olvida como decía Platón. La enfermedad es una forma de purgar culpas, de aceptación de situaciones dolorosas, de aprendizaje y prueba, para el enfermo o para el que lo cuida. Vuelves siempre para aprender, por el camino del dolor o por la gracia.

La Señora no curó a Bernardette, porque debía volver pronto a casa, purificada, y así muere a los treinta y pocos años con tuberculosis ósea y asma bronquial.

Para nosotros, la enfermedad es un castigo y algo injustificable, sobre todo cuando afecta a un niño. Pero hay una realidad que no vemos y que justifica la muerte y la enfermedad. Recuerda que Dios es amor y que su voluntad no es hacer sufrir a un niño, ni a un adulto. Hay un plan de evolución que se cumple, con la aceptación del alma.

Los últimos trabajos que hemos realizado con tres de mis hijos e yo ha sido en Egipto y Jordania. Trabajo realizado con un grupo muy especial. Pudimos abrir puertas y energías dormidas en los templos y sellarlos en la Gran Pirámide. Realizamos los trabajos siguiendo la ruta de Moisés por el desierto, des del monte Sinaí, terminamos en el monte Nebo donde murió Moisés sin poder ni tan sólo ver la tierra prometida. Viaje lleno de significado y de reencuentros. Estas experiencias motivaron la decisión de escribir este pequeño libro.

> *«Tú vida es como un estanque sin fondo, tú puedes llenarlo de lo que te plazca, puedes poner en él arenas o piedras, fango o paja, desperdicios o flores, pero ten en cuenta que con lo que lo llenes será tu alimento y tu reflejo cuando alguien mire esas aguas profundas.»*
>
> *Parte de la comunicación recibida por Omaras el 29 de septiembre del 2008.*

La simple oración, ya es un trabajo de luz. Siempre en las reuniones, orábamos pidiendo por aquellos que lo necesitaban. Nos acomodábamos al ambiente general del grupo. En Sueca, con el grupo que formamos, también hacíamos trabajos de luz, era bueno que todos participaran en las peticiones que se hacían a nivel personal o general por la humanidad.

Si dirigía el trabajo, comenzando por una introducción que en realidad era una oración, algunas veces menos convencionales que otras. Hablaba de un tema novedoso espiritual, basándome en las experiencias y conocimientos que ya teníamos del mundo espiritual. Luego compartíamos experiencias y comentarios del tema o de alguna anécdota interesante. Como anteriormente he comentado, me vi en situaciones difíciles debido a mi opinión sobre las apariciones marianas cercanas y la fe de algunos visitantes. La reunión siempre estaba abierta y muchos venían por curiosidad y con un plan critico claro.

A veces pienso que debía ser más considerado con las creencias de algunos –aunque lo mismo no sé de al revés, ya que la iglesia claro está, no reconoce en absoluto los fenómenos y anécdotas de las demás apariciones y de los contactados–. Eso sí recuerdo el pánico que le daba a mi hija de cinco años, oír la voz del médium. Sé que hay que ser considerado con las creencias religiosas, como debería hacer en Brasil con rituales de magia africana, por muy de bajo nivel las considere.

De todas formas, mi papel era enseñar, y desmitificar temas. Era realmente difícil. Si yo sé que la realidad espiritual profunda es enormemente importante y vital para la evolución del Ser, ¿cómo podría obviar el problema? Por ejemplo: si en ti esta la chispa Divina que llamamos el *Yo Soy*, que es tu esencia más real, ¿cómo puedo dejar que la gente que viene a mí a aprender, investigar y curiosear, crean que hay que pedir, rezar a los santos y a sus imágenes pidiéndoles novio o fortuna, sanación o felicidad?

Tema que está hasta condenado en la Biblia, que las otras religiones con lógica aplastante rechazan como las cristianas protestantes, judaica y musulmana que se basan en las escrituras. ¿Cómo puedo dejar el tema, si lo que deben comprender, es que en uno mismo está el poder divino para lograr y solucionar su vida?

Es triste que así sea, pero siempre tolerando estos errores de base, impedimos la evolución de las conciencias. Somos libres de aceptar o no una creencia ancestral, pero ya no somos niños y como adultos deberemos actuar. Es como si el hijo de un rey, ignorara quien es y pidiera favores a los habitantes del reino. Pero lo más tremendo es que se los pidiera a la figura o estatua del héroe nacional de su plaza.

Choca claramente con las costumbres de los católicos acostumbrados a sus servicios y peticiones a un sinfín de imágenes de santos. Es muy posible que algunos de ellos, fuesen seres especiales y que podrían ayudar, pero lo importante es saber que ellos no son más importantes que los otros seres humanos, que si realmente están en el otro lado trabajando por la humanidad y la luz sí ayudaran a los que les piden.

El error en mi opinión es haber consentido hacer altares en las iglesias a infinidad de advocaciones de María y a mil santos. Cuando el humano crece espiritualmente, aprende la verdad y esa está en él. Si tú eres divino, ¿Cómo pides ayuda a otros? Háblale a tu corazón, y aprende a escucharle. Usa tiempos de silencio y meditación, y ten paz. El tiempo de revelación viene a decirnos en resumen, que Dios mora en nosotros y que nosotros somos Él. Cuando eres capaz de aceptarlo tu vida cambia desde las cosas más pequeñas hasta las más grandes.

Es mi creencia, que las energías que fueron los llamados dioses antiguos de las distintas culturas, permanecen hoy y pueden manifestarse de alguna forma. Si creo que todos los humanos somos manifestaciones del Uno, pienso que aquellas divinidades, fueron también manifestaciones del Único.

En la religión hinduista, que desde el occidente se considera politeísta, pero que según sus sabios, todas las divinidades son formas de manifestación del Uno, de *Brahma*. Uno es creador y el otro destructivo, uno es femenino y dulce como *Laksmí* diosa de la belleza. *Visnú* el conservador del universo y *Shivá* el destructor. Cientos de deidades que los acercan a cultos particulares. Explica esta diferente forma de presentarse las divinidades, al igual que en la egipcia, donde se da y cumple la ley de la dualidad.

Sin luz no hay obscuridad, sin frío no hay calor, sin mal no hay bien. Todo es dual. El *Yin* y el *Yang* de los orientales se cumplen hasta en la divinidad y su obra. Amor-odio. En las religiones politeístas, están representadas las dualidades y cada divinidad en si es dual. En nosotros esta el ángel y el demonio. Esto es así y hay que aceptarlo. La libertad y el deseo de evolucionar, te llevan a la armonía, al equilibrio de pensamiento y obra.

Las curaciones... ¿milagros?

Es un tema que siempre me ha seducido e intrigado. Hay una evidencia espiritual en todas las religiones y es la curación. Jesús decía a sus discípulos: «Id y curar». ¿Por qué? Si él sabía que no eran médicos, que solo eran gente del pueblo sin cultura. Aun que él lo hacía, con un éxito a tal un nivel, que se podría llamar milagro.

En la historia de la humanidad, en cada comunidad, han existido personas con gracia o sabiduría natural que la ejercía. También en el mundo espiritual, siempre ha llamado la atención seres bienintencionados que ejercen con o sin éxito la curación. En la curación del ser humano, intervienen muchos factores y algunos no son canjeables ni manipulables por el poder curativo de una persona con dones.

Primero seria conocer el futuro o destino de la persona. Si su *Ser Superior* ha pactado un tiempo de aprendizaje en la Tierra, es inútil pedir que no muera. Morirá aunque sea doloroso para su familia porque hay razones que son superiores y ocultas. Si la enfermedad es una forma de limpieza kármica, o es una oportunidad para practicar la curación de algo mayor.

El supuesto, es que el que trata de curar y no es sanitario, no tiene ni idea de medicina, solo algo de sentido común. La intención cuenta mucho: ¿que intención mueve al sujeto a desear curar a otro? Puede ser consciente o inconscientemente por ego, deseo de ser admirado o reconocido y sobre todo gratificado con palabras o con oro. Es lo más frecuente en el mundillo de la sanación pirata que tanto abunda.

¿Cómo es que a veces funciona esa curación pirata? Funciona por el mismo método que funciona un medicamento placebo. La confianza y la fe lo han curado. El milagro lo hace el propio paciente, no el sanador. Jesús era muy sabio, era un Ser completo en comunión con su Yo Crístico. Cuando hablaba, ordenaba o decretaba en nombre de su Ser. La energía que le movía no era egoica, era el poder la sabiduría y del amor. Los tres fuegos que forman la esencia de Dios en tu corazón llamada la *llama Trina*.

La energía que usaba la podía utilizar cualquiera de sus discípulos y la puede utilizar hoy, tú mismo. Ese es el mensaje. Una hermosa forma de practicar el amor con mayúsculas es la de curar al prójimo o desear su curación. Es significativo que funciona mejor cuando no está movido por intereses particulares, cuando no te une ningún interés con el paciente, y sin esperar reconocimientos. Solo la discreción y el anonimato. Eso es el juego del amor, no desear beneficios ni reconocimientos. Es un trabajo que ha hecho tu Ser Crístico. Eso es curar.

Hace un tiempo, mi esposa se empeñó en que aprovechando que estábamos en un pueblo de Teruel, España, fuésemos a conocer a una curandera conocida en la región. Ella quería consultarle por un dolor en la zona llamada vacío derecho, más o menos a la altura del riñón derecho. Le pedí que no me delatara como médico, quería ver como hacía su trabajo la afamada curadora.

En una casa rural de un pueblecito donde el frío y la soledad eran sus compañeros. Nos atendió Martina, mujer de unos cincuenta años, delgada, con su vestido y delantal negros típicos de la zona. Habló y habló sin parar de sus glorias, de la gente importante que la visitaba, de los grandes resultados de su terapia, mientras frotaba con su mano la zona supuestamente enferma de mi esposa. Cuando al cabo de media hora o algo más dio por terminado el friegue, hizo un disparatado diagnóstico y nos pidió la voluntad.

Aprendí al intervenir en la salud de los pacientes, que debía hacerlo de la forma más limpia y responsable posible. Yo desconocía cual es el plan del Ser para el paciente. ¿Qué es lo correcto según el plan? Al margen de mi actuación como médico, podía actuar espiritualmente manejando esas energías que están a nuestro alcance y que son inteligentes. La respuesta a veces era distinta a mi intención, pero había un cambio significativo, no se quedaba la situación paralizada y estancada, se solucionaba.

Pedir la acción del fuego violeta, conlleva a una poderosísima acción sobre la persona, que siempre será manejada por tu Yo superior y no por tu ignorante ego. Tu mente, comprende y desea que una situación de enfermedad y dolor deberían de desaparecer o mejorar, entonces pones al mando tu *Ser Superior* para que haga el trabajo. De esta forma sabes que el resultado será siempre acertado y luego terminas comprendiendo el porqué.

El Yo Crístico o Superior está en el paciente al igual que en ti. Esto es una escuela donde la enfermedad y la curación son asignaturas a probar y a aprobar. Este mundo de enfermedad y dolor, es fruto de nuestros pensamientos y obras. Al mismo tiempo estas *desgracias* son la razón que nos llevan a buscar una solución. La búsqueda de resolver problemas –nuestros y de los demás– nos lleva hasta el final de la clase. Confiar en el señor del juego. Esa parte divina que observa y espera el despertar de nuestra conciencia.

Al igual que la persona que te hace difícil la vida y te hace sufrir actúa *como un maestro* para ponerte a prueba. La forma en que solucionas el problema te hace crecer y si te estancas y no lo solucionas, volverá el problema una y otra vez. Creo que esto que trato de explicar es de suma importancia.

> *Todos tenemos el poder de cambiar las circunstancias negativas. Todos tenemos al genio de la lámpara maravillosa escondido en nuestro corazón. Pero no creemos en el genio ni en su poder, entonces la vida nos da lecciones de dureza y más pruebas.*

Este es el gran juego, en tu vida aparece un ser que te provoca una desagradable sensación. Puede ser tu pobre suegra o el mendigo impertinente que te asalta cada mañana en tu coche cuando vas al trabajo, pidiéndote una moneda a cambio de pañuelos de papel. Te irrita y cierras la ventanilla, y ahí está él nuevamente cada mañana. Hasta que un día se te hace la luz y piensas: «Voy a cambiar de estrategia, desde mañana esperaré con ilusión que aparezca el mendigo, y tendré siempre monedas para él». Entonces al día siguiente ya no hay mendigo y si hay, ya no vendrá a pedirte. La ventanilla estará abierta, y tú estarás esperando con una sonrisa que él se acerque para darle su moneda. Pero ahora la lección ya está aprendida e ya no necesitas el mendigo que era sólo un maestro más. Así es en todo. Haz la prueba y asómbrate de los resultados.

Somos personajes de una función de teatro, ignorantes del juego, que se está jugando. La evolución de esta sociedad, nos lleva a comprender que sí tenemos el poder de cambiar las cosas, deberemos poder curar. Todo esto nos lleva a una situación singular, se repite lo del dicho hermético *de lo que es arriba es abajo.* El nuevo hombre espiritual que se está forjando ahora y se está pariendo en nuestra Tierra, aprenderá a curar, a sentir, a amar a la naturaleza y hermanarse con ella. Como en la gran película de «Avatar», donde los seres y la Madre son uno. Es tanta la belleza de lo que se vislumbra, que no deberíamos temer al cambio. El hombre nuevo es preciso que nazca y pueble esta bendita Tierra. Ese es el gran juego de hoy. Preparar el parto de la Madre Tierra y puede ser doloroso.

En mi especialidad médica, estamos acostumbrados a que a tal producto químico, tal respuesta del organismo. Esa respuesta se repite enfermo tras enfermo y podemos vaticinar casi como despertaran y cuando. Trabajamos con química que nos hace pensar y sentir que es una ciencia casi exacta. Que las modificaciones dependen de la idiosincrasia del paciente. Ese pensamiento del anestesiólogo, se repite en la mayoría de las especialidades médicas. Es por tanto difícil para los que practican la medicina oficial, aceptar lo que llamamos *paramedicinas:* la acupuntura, la homeopatía, el reiki, la hipnosis y toda forma de intentar curación que no sea la oficial.

Es un deseo compartido por muchos, ser útiles y poder sanar aun sin ser médicos. Unos por ansia de ayudar al prójimo, otros por notoriedad o economía. Quiero aquí expresar mi sentimiento al respecto. Los físicos hablan de esas partículas subatómicas que son energía. Llegan a la conclusión de que somos y de que todo es, energía con cualidades y diferencias estructurales, pero energía.

Los chinos ya hablaban de meridianos en el cuerpo humano, siglos antes que de hubiesen tratados de la anatomía clásica. Eran caminos, rutas energética que interactuaban a partir del estímulo de ciertos puntos, se producía una reacción que era evidente. ¿Anestesia con acupuntura? Ellos lo están empleando en todo tipo de cirugía. Dicen que la homeopatía, es medicina placebo, que químicamente no está demostrado que esas pequeñísimas dosis hagan algo. Sin embargo funcionan.

Escuchaba el otro día al escritor Sánchez Dragó hablar sobre este tema. Él decía que si funciona vale, y no se hacía más preguntas. La imposición de manos, el Reiki, ¿Cómo funciona? La energía cualificada de un sujeto, calma y mejora a otro. ¿Y a distancia?... La grandeza que descubrí en el Reiki, se basaba especialmente en que el terapeuta pide en su meditación permiso al Yo superior del paciente. El buen maestro de esta disciplina, contacta y habla con el Yo Crístico del paciente y recibe el mensaje que él quiere darle a su ser de tercera dimensión.

La ciencia empírica dirá siempre que no, que son patrañas. Yo no me atrevería tanto. Si todos estamos interrelacionados, si somos energía que movemos y creamos, ¿quien puede decir que no es cierto, si la simple presencia de un observador es capaz de cambiar el resultado del experimento?

Los pensamientos y deseos son energía cualificada que actúa, lo creamos o no. La mala educación de los hombres y su ignorancia, hace a veces precipitar hechos negativos no deseados. «¡Niño te vas a caer!», «¡Niño te vas a constipar!». Y el niño obediente, se constipa y se cae. Entonces la ignorancia exclama: «¿Ves? Ya te lo dije que te pasaría». Estos sainetes son tremendamente frecuentes.

Mandamos un decreto al universo sin saber que él condicionará que suceda lo que decimos. Esta es la ley del mentalismo. Será muy importante para ti que lo tengas en cuenta. Cuando dices «Estoy enfermo...» o «No tengo dinero...», ¡cuidado! ¡Estás diciendo barbaridades! Estás dando órdenes que el universo tratará de que se cumplan. Tenemos mucho poder, más de lo que tú puedas imaginar. Es un poder que no se sabe usar pero que funciona de forma parcial, en positivo y en negativo.

En la curación es tremendamente importante, lo que piensa y dice el paciente; lo que dice y piensa el que cura; e igualmente el que acompaña al enfermo. Las células de nuestro cuerpo, se regeneran en un corto periodo de tiempo. Nacen continuamente células vivas que tienen el mismo mensaje genético como cuando tenías quince años. Es tu mente y tu entorno el que hace que se deteriore y envejezca el cuerpo. Quizás dependa del grado de vibración de esas células. Si aumentas su vibración y su luz, posiblemente desaparecerá la enfermedad, el dolor y la muerte. Pienso sobre los tratamientos alternativos llamados naturales, que son la medicina del futuro y del presente. Si el Ser puede añadir como condimento a su terapia el *amor*, el éxito será más fácil y probable.

El amor es la energía más poderosa y de alta vibración que existe. Es un poder *divino*. Cuando el médico o el curador o sanador piensa en el dinero que ganará, ya es un pensamiento bastardo aunque sea lícito. Está enturbiando el amor al paciente por el amor al dinero. Si eres capaz de hacer que una planta reviva y luzca preciosa, ¿por qué no crees que lo puedas hacer con un humano...?

> *La promesa de la nueva tierra al pasar de dimensión, es la de una tierra sin enfermedad, sin dolor y sin muerte. Aquellos que no alcancen la vibración necesaria para el cambio, nacerán en otro planeta de la misma vibración que la Tierra actual, en un planeta atado a la enfermedad, al dolor y la muerte, todavía. Imagínate si es importante este salto de gigante que se nos viene encima.*

Nuestra experiencia en India

En India fuimos invitados mi esposa, unos amigos e yo a casa de un maestro de la metafísica muy conocido en Europa, . El maestro Kumar es un hombre muy sabio que realizaba conferencias y cursos en Tarragona. Acudimos al curso y le pedimos poderle visitar en India. Cuando nos fue posible, marchamos a India por nuestros medios, no íbamos a tierras turísticas, sino a conocer la obra del Parvathi Kumar a su ciudad llamada Visakhapatman, a orillas del océano Índico.

Después de recorrernos más de media India, llegamos en tren a su ciudad. La estación de tren era una edificación de la época colonial inglesa, con una patina gris que cubría todo, hasta a los hindúes que estaban tirados en el suelo esperando su tren.

Andábamos despistados esperando a alguien que nos llevara y a lo lejos como una aparición vimos, a un ser vestido de blanco inmaculado que venía a recibirnos. El profesor nos llevó en dos taxis de película de los cincuenta, donde se apreciaba hasta el suelo del camino bajo tus pies y las puertas se sujetaban con correas. Nos llevó a su casa y nos obsequió con una comida que su esposa Kumarhi nos había preparado. Nos enseñó al día siguiente, el áshram donde hacían meditaciones y oraciones, conferencias a los grupos de europeos que nos acercábamos a su ciudad a compartir y aprender de su sabiduría.

Nos hospedamos en un hotel muy cercano a su domicilio. Aquel hotel que dejaba mucho que desear, y jamás pasaría ni la más baja acreditación en Europa.

No era una ciudad turística y no vimos ningún occidental más que en su recinto de meditación y oración. A las seis de la mañana, nos esperaban en su casa. Subimos a una habitación acondicionada para hacer la meditación y las oraciones de la mañana. En el altar, había fotografías de los maestros ascendidos y de la fundadora de la Teosofía. Luego de una larga sesión, desayunamos y dos taxis ya nos esperaban para visitar los centros que la sociedad tenía.

Aquel lugar nos cautivó a todos. Rodeados de cocoteros y como fondo las azules aguas del Índico. El maestro Kumar, es un gran conocedor de la homeopatía. Entonces poseía varios centros que daban alivio y medicación gratuita a multitud de hindúes. Conocimos un precioso colegio que impartía clases aderezadas con conocimientos metafísicos. Todo lo pagaba la organización que él presidía y que se abastecía de donaciones, venta de libros y cursos que el maestro impartía. Un buen ejemplo de lo que el hindú hace por su gente. Este hombre sabio dejó una profunda huella en nosotros, por su saber, su humildad y gran bondad. Su hospitalidad fue modélica y nos llegó a emocionar en la despedida.

Cogimos desde la ciudad de Visak, un autobús que nos llevaba hasta el otro destino que nos habíamos fijado, visitar y conocer el áshram de Sai Baba en el sur en una aldea llamada Puttaparthi. El santón Sai Baba, tenía un tinglado tremendo que parecía el Vaticano en hindú. Éramos cantidad de europeos escuchando las clases que impartían sus profesores. Hacíamos cola para verle sentado en el suelo una sala enorme con columnata y de gran belleza. Horas de cantos y esperas para ver si teníamos el placer y honor de que cogiera nuestra carta y que nos eligiera a nuestro grupo para una visita personal o grupal. Pasamos una semana y aprendí mucho sobre la condición humana. Ahí se conjugaba la espiritualidad, la magia, y el secretismo de una gente que adoraba a un gurú que se dejaba adorar.

Sus enseñanzas son buenas y muy positivas, pero sus seguidores se empeñan en hacerlo un dios en la tierra diferente al resto. Hay que verlo con ojos críticos y no dejarse influir por las opiniones de los que hablan de milagros y precipitaciones de joyas que *aparecían* en su mano.

Su hospital construido con capital americano y japonés, es magnífico, al menos en apariencia, pero mi mirada crítica como médico, me permitió ver algo distinto a lo que se contaba. Es solo mi opinión y puedo estar equivocado. No tiene que ver que identificándome como médico, sólo me permitieran visitar escasas dependencias y pasillos. No vi movimiento de pacientes, no entraban ambulancias ni había gente por los jardines de aquel palacio de las mil y una noches.

Me preguntaba que con tanta gente pobre y enferma en ese gran país, no se aprovechaba el potencial en tratar y ayudar a los pacientes necesitados. En el interior del recinto del áshram todo era orden y limpieza y mucha disciplina. Los cánticos antes del amanecer y culto al maestro eran la norma. ¿Casualidad? Se hablaba de milagros y hechos extraordinarios. El corazón y no la razón deberá hablar en estos asuntos y ver si resuenan o no.

Dicen que la ceniza que el Sai Baba precipitaba de la nada, curaba enfermedades de todo tipo. Esto lo creo, porque el poder está en uno y la ceniza es el acicate para que se presente el milagro pues procede de un *hombre santo*.

Uno de mis amigos en aquel viaje, estaba convencido de que en aquel recinto, no entraba alimentos y menos transportes que llevaran esos víveres a las cocinas del áshram. Estaba convencido que en ese lugar se realizaba el milagro de precipitación de los alimentos de forma mágica. Esto me lo decía un adulto y lo creía a pies juntillas. *El creyente que acepta todo aunque sea absurdo, ve milagros donde no los hay.*

La doctrina del Sai Baba, no me parecía descabellada, sino dentro del sentido metafísico que conocíamos. Hablaba de la excelencia del Ser y su poder en su divinidad. Utilizaba la magia o los trucos para ser más creído.

Para sus seguidores es un santo que se les aparece de noche cuando duermen, realiza hechos maravillosos y milagros por doquier. Y ¿quién soy yo para dudar o juzgarlo?-

Fue de todas formas una experiencia enriquecedora conocerlo y ver en carne propia lo que era ese tinglado. Sé que mueve ingentes cantidades de dinero y creo se parece de forma alarmante a una secta cristiana que conozco. Debo reconocer que he visto joyas *precipitadas* por él, y una de ellas se la había regalado al maestro Kumar y este me la enseñó en su casa de Visak.

India es magnífica y variopinta. Tan diferente a nuestro occidente que es difícil comprender y aceptar sus singularidades.

Te embruja y fascina con sus cientos de manifestaciones religiosas. Vimos hombres travestidos, que practicaban la prostitución y que eran de una secta religiosa. Templos en la ciudad de Puri donde los extranjeros no creyentes no podían ni acercarse al templo, corriendo el riesgo de ser agredidos.

En la ciudad de Puri éramos los únicos visitantes extranjeros. Habíamos realizado un viaje para conocerla de retorno de la provincia de Orissa, donde visitamos la pagoda negra Konarak que es patrimonio de la humanidad. La ciudad de Puri es el equivalente hindú a Santiago de Compostela. Fue chocante que con más de cuarenta grados a la sombra, que todo viajásemos en un moderno autobús que nos llevaba desde Bhubaneshwar capital de Orissa a Puri, el guía nos pidiese a todos los pasajeros que pagásemos un suplemento para disfrutar del aire acondicionado. Nosotros nos negamos, pero felizmente los otros turistas indios pagaron y todos disfrutamos del frescor del aire.

Siempre recordaré los olores a especias, los colores de los saris de las mujeres que les daban un estilo y belleza sin igual. La más humilde parecía una dama con su sari. El caos en las ciudades donde realizaban el milagro de circular entre un delirio de pitidos y cruces sin semáforos, sorprendentemente sin accidentes.

Fue enriquecedor el viaje a India, pienso que no es casualidad que nazcamos en el lugar donde lo hicimos y que en el plan del universo para nosotros es esa religión y ese país el que te corresponde. Resulta muy complicado saber si está bien o no el salirse del tiesto, o sea que si naciste en Madrid y has sido católico, ¿cómo te haces budista?

Todo evoluciona y eres libre de hacerlo. Es todo una búsqueda de la verdad que te llene. La metafísica trata de encontrar una parcela de la verdad espiritual lo suficientemente grande como para quedar más que satisfecho. Trata de romper dogmas y caminar. Es una aceptación que nace del corazón. Esto si te resuena o no.

Manual del Guerrero Buscador

La idea, es ofrecer unos puntos de reflexión al que desea encontrar su verdad. Es de gran importancia realizar la apertura mental para lograr el cambio que ahora más que nunca se precisa. Podréis creer o no, en lo que digo. Me siento como el maestro que les dice a los alumnos: «Espabilaros que ya pronto será el examen». Sabiendo que una minoría se lo tomará en serio y que la mayoría ni se ha enterado de lo que ha dicho el profesor. Así se sienten los maestros ascendidos por la escasa y a veces nula atención que se da a sus mensajes.

No me considero un alumno especial o atento, pero es que a mí me lo vienen diciendo hace veinticinco años. No había variación en la intención del mensaje ni en una línea. ¿Crees que estaría veinticinco años engañándome y obsesionado por este tema? Somos alumnos aún perezosos y displicentes. Sé que los hay muy atentos y activos. Pero a nuestra cortedad de entendimiento, llega clara la llamada de las sabidurías superiores. En el gran cambio de la Tierra que es ya, somos necesarios los de a pie llamados encarnados.

Hay una movida colosal a nivel cósmico por el cambio en la Tierra. El último mensaje que nos dieron hablan de que es el momento de acción. La actitud correcta ante este evento, es como la profecía que daba Jesús en la parábola de las novias necias y las prudentes[1]. Podríamos decir que el novio ya viene y la mayoría de las novias –almas– no tienen aceite, marchan a buscarlo y cuando vuelven ya las puertas están cerradas y se quedan fuera.

---

1 *N. del E.:* Parábola de las diez muchachas (Mateo 25:1-13).

Si llevamos esta parábola a nuestra vida, es fácil comprender su significado. Los que se han tomado la molestia de cuidarse y despertar la conciencia, los que no se duermen en el sueño de la materialidad y cosas del mundo, son las novias prudentes. Como llevar a la comprensión este hecho, es tarea que pretendo realizar. Un libro que considero muy acertado en este tema es el «*El caballero de la armadura oxidada*», un cuento de Robert Fisher. La simbología es aplicable a todos nosotros de una forma u otra. Con el afán de muchos de gustar a los demás, nos creamos un personaje de ficción y lo alimentamos tanto con nuestros miedos y dudas que termina por ser parte de nosotros como una armadura oxidada que ya es muy difícil quitarse.

Nunca como ahora, se ha dado tanta información a los hombres desde el otro lado. Esa información ha sido dada a seres no condicionados por una religión. Es un ejemplo de esto el llamado «*Curso de Milagros*» dicen que es un dictado mental de Jesucristo a una psicóloga americana judía nada creyente llamada Helen Schucman en 1975. Al principio se negaba a aceptar que una voz le hablara y llegó a pensar que sufría esquizofrenia. Hasta que aceptó por consejo de su colega colaborador en escribir el dictado. Duró la comunicación siete años.

Es curioso que las comunicaciones se den a gente que está poco o nada condicionada. Realmente siempre existió la comunicación *de arriba* –Mahoma recibe el dictado que le hizo escribir el Corán–se le da a más seres que no son nada excepcionales, aparentemente. Son los seguidores los que hacen excepcionales a los que reciben la comunicación. Jesús si fue un maestro viviente. Sabía quien era, y el Espíritu Crístico resplandecía en Él. Fue según nuestros guías, el más grande de los maestros. Bien está el saber que tú puedes ser un contactado. Nos están advirtiendo de la necesidad de practicar la telepatía, o sea el contacto con la sabiduría divina.

Es normal que la persona que recibe, trate de entender quien le habla. Como a mi amigo Manuel cuando recibía una comunicación, decía que era *el Padre*, realmente los seres de luz saben que son partes de Dios, del uno. Siempre puede decirse que es Dios el que habla.

El buscador o guerrero de la luz, es el que inicia el camino, dejando prejuicios y busca con autentica sinceridad y desde el corazón, no desde la razón. No hace falta que creas en los maestros ascendidos ni en la Gran Hermandad de seres de luz que la forman. No hace falta que ocultes tus antiguas creencias. Será importante que lo hagas si libremente buscas la verdad. Ser bueno sirve al musulmán como al cristiano o al taoísta... Todos tienen su parcela de verdad y son seres que aprenden a amar al prójimo, a respetar a los demás en teoría.

El guerrero sabrá que él es parte de Dios con su poder como lo son los maestros ascendidos. Que como una gota del océano tiene la misma esencia que el océano. Que todas las infinitas gotas juntas son el océano. La enseñanza fundamental para el discípulo es que tu prójimo y tu enemigo son parte de ti y que deberás a aprender a amarlos y respetarlos por lo que son. Que todo lo creado tiene la energía divina de la creación y que no estás aparte de la divinidad. La Tierra es sagrada siente y vive. Debe ser amada y respetada por ti, que sabe y comprende el porqué. Comprende que tu eres una cría de Dios, no en vano eres su hijo. De la misma naturaleza que el Padre eres tú y era el Cristo. El camino que marcó nuestro Hermano era el del conocimiento de que eres hijo de Dios con todas las connotaciones. Desde la materia puedes practicar lo que te llevará a esa verdad.

Consejos para el que busca

1 *Ser limpio: por dentro y por fuera.* Se trata de que controles tus pensamientos y sentimientos. Los celos, rencores, palabras fuera de tono armónico. Intenta ser ordenado, porque lo externo se refleja en lo interno. Sentir armonía y comprender el significado de *armonía*. Tus pensamientos son creadores, son energías que tú manejas. Si son pensamientos tristes, creas con baja vibración. Si piensas en temas alegres, creas con alta vibración. Si sientes amor y alegría, vibras muy alto, creas bienestar y felicidad. La risa ayuda. Ser alegre da una gran vibración. Tu mente tratara de meter ideas sucias o negativas. Es normal que así sea. La mente tratara de que entres en depresión, que te culpabilices de lo mal hecho. *Se feliz y desecha los errores. Solo luz y alegría*

2 *Ser justo: con la vida y con lo que te rodea.* Eso te lleva a respetar a todos y a todo. A no abusar de privilegios, a no mentir ni engañar, a no robar ni desear lo que no te corresponde. Sería el cumplimiento de los diez mandamientos dados a Mussa por Dios. *Si hablas bien, creas bien. El poder del verbo es enorme. Piensa que eres un dios en miniatura. Tu verbo crea.* Si esa palabra se acompaña de un sentimiento, es más poderosa y el universo confabula para crear lo que decretas. Cuando eres consciente de esta verdad, ya no puedes decir nada negativo que no quieras que ocurra. Si te amas no digas lo que no quieras que te pase. Ser justo es ser honrado, fiel a la verdad y valiente. En este mundo social que parece ser tan oscuro y falso, *el guerrero es justo con los demás. Justo con amor y sobre todo con compasión.*

3 *Ser diligente: no es tiempo de perezas.* Si tu vecino o familiar te necesita estás tú. Cuentan que un santo le reprochaba a Dios,

que porque dejaba que niños murieran de hambre, de enfermedad, víctimas de tanta injusticia.

– ¿Qué vas a hacer Dios»? –preguntaba el santón.

– Te he creado a ti. –le contesto Dios.

La pereza es muchas veces la inutilidad de la vida. En exceso es como dicen, un *pecado* capital. Procurar no perder la oportunidad de hacer cosas por la Tierra y por nuestros hermanos, como limpiar la basura que contamina, ayudar al anciano que está solo, visitarlos y amarlos. Esa es la mejor misa que podéis asistir. Ese anciano es Dios en verdad y haces tu misa comulgando con él. Sé generoso y da lo que tienes que ya la vida te dará a ti porque esa energía no está estancada. El árbol se hace más grande y más fuerte cuantas más manzanas da. Se diligente con tu vida, es momento de acción. Nunca en la historia fue tan importante la acción personal. Ante un examen o prueba, no puedes estar indiferente y perezoso, metido en la basura que te rodea. Hay tanto que hacer que no se que haces ahí en el sofá criticando a los demás.

4 *Ser virtuoso: procura dejar los vicios y costumbres no recomendables.* Cuida tu cuerpo porque es el vehículo que utilizas en la Tierra para poder hacer lo que viniste a hacer. No bebas en exceso, no fumes ni tomes drogas que alteran tu conciencia adormeciéndola. Procura no comer carne y menos la de cerdo. Las células de las carnes, llevan impresa la vibración del miedo que sintió el animal al morir. Lo perfecto sería una dieta vegetariana. Se amable y enemigo de la violencia. Todo esto tiene una razón importante. Tus cuerpos son importantes, tu evolución es necesaria, tu entendimiento abierto y claro. Tu cuerpo es tu instrumento en la Tierra. Si lo alimentas mal, lo llenas de humos que dañan todo el organismo, desde tus pulmones hasta tus arterias y corazón. El alcohol enturbia tu mente. Todo esto te hace displicente y baja tu vibración. No te estoy aconsejando que te conviertas en un puritano estricto, pero sería bueno ahora que te acercaras a ese puritanismo.

5 *Practica la meditación: es importante que aprendas a meditar.* La meditación crea tiempos de silencio o blancos necesarios para comenzar con la telepatía. Esos espacios en blanco son fundamentales para que la mente se silencie y permites que hable el Yo interno. Practicas la meditación todos los días que puedas. En la meditación se centra tu atención en la respiración y vives el presente sin dejar que el futuro o pasado te lleguen a entrar. En el silencio te hablara tu dios interno y ese es el acontecimiento más importante de tu vida.

«Decadrón» es el nombre que se le da a diez leyes – dadas por la Gran Hermandad Blanca– que señalan el camino al iniciado, al discípulo. Y comienza diciendo que

1 «El verdadero estudiante de la vida, empieza estudiándose a sí mismo».

2 «La luz verdadera alumbra o ciega según la actividad del estudiante».

3 «El verdadero soldado de la luz batalla amando a su enemigo. Cada acción tiene una energía, la del amor es la más poderosa».

4 «La verdadera protección radica en el control del miedo interior. El miedo es la desconfianza que significa no tener fe. Cuando confías, desaparece el miedo y la baja vibración que produce el miedo desaparece».

5 «El verdadero maestro enseña con el ejemplo». Ser sabio si no practicas lo que teorizas, de nada sirve. *Sólo en la acción no hay engaño.* Es como predicar la virtud y ser un vicioso. Hablar de la abstinencia del alcohol y luego en casa tomarse tres copas de whisky.

6 «El verdadero mensajero es aquel que solo transmite el mensaje».

7 «La fe verdadera se sustenta en el conocimiento». Siempre nos han hablado de la fe ciega: creer sin comprender ni ver. *Siempre he dicho que desde que he visto y he comprendido tengo fe.*

8 «La sagrada doctrina se torna más sagrada si es consecuente con ella».

9 «El verdadero templo es aquel que se construye a base de sentimientos, pensamientos y actitudes». Es tu templo interno en tu corazón, que se crea con tu trabajo interior.

10 «El verdadero místico es aquel que pone en practica los principios del cielo y que muere constantemente por amor al prójimo». Jesús fue un buen ejemplo de místico.

El último trabajo por la luz

Hacia tiempo que esperaba una situación propicia para realizar un último trabajo por la Tierra en el lugar sagrado de Egipto.

Se encontraban dos seres dialogando como era habitual en ellos padre e hijo en este plano. Los dos ya tenían la conciencia y conocimiento de quienes eran. No era casualidad que hubieran sido personajes míticos en otras vidas. Seres solares de grandísimo poder eran ambos. A sus personalidades les era difícil aceptar lo que ya era evidente. Sabían de su papel en el cambio de la Tierra, conocían ya la dimensión de su obra. Comenzaba el trabajo a nivel mental reflejando una híperrealidad que vivían en el otro plano.

– Íbamos tú e yo –narraba el más grande de los grandes– llegamos a un gran edificio con una enorme puerta. Hicimos el saludo similar al que hacen los musulmanes y la gran puerta se abrió. Era el templo solar, un gran templo dorado y blanco debajo de la esfinge. Una gran multitud de guerreros, nos esperaban. Ocupé el trono y tú a mi lado vestido con una túnica en blanco y oro, con un báculo en una de las mano. Yo –el más grande– dije en voz poderosa «Eh Bolah» entonces todo cambió. Supe que la frase que había pronunciado era el comienzo del cambio. Una orden para el ejercito de luz, anunciando que era ya el tiempo.

Todo el gran ejército se postró de rodillas ante el más grande y su compañero.

Así comenzaba el tiempo del gran cambio, en un nivel etérico fuera de las presencias humanas de tercera dimensión. Los hilos del destino los mueve la voluntad divina.

El trabajo de nuestra vida en las arenas del desierto

Mi hija Amparo había hecho un curso sobre aromaterapia egipcia. Se trata de una antigua sabiduría de tratamiento de enfermedades físicas y mentales que se empleaba en el antiguo Egipto y que mantiene ese conocimiento un personaje muy sabio en la ciudad del Cairo. El profesor que impartió el curso, de nacionalidad argentina, es médico oncólogo que colgó su bata y se lanzó a sus sueños. El profesor y ahora buen amigo mío, había organizado un viaje a Egipto y Jordania con la idea de realizar y conocer de cerca la Ruta de Moisés.

La *coincidencia* era realmente llamativa para mí. Estaba leyendo un gran libro escrito en el siglo pasado, por una mujer mística Josefa Rosalia Luque Álvarez, nacida en Córdoba, Argentina. Había realizado importantes obras sobre el pasado de la humanidad y de la vida de Mussa o Moisés. Días antes me habían hecho *la lectura del alma*. Me había impactado sobre manera el comentario de la señora lectora, al relacionarme de alguna forma con Moisés. Las circunstancias hicieron posible no tener quirófanos en los días del viaje por coincidir con la Navidad.

Decidí que me acompañara en el viaje mis dos hijos mayores y mi hija Amparo que era la que había hecho el curso. Todo fue fácil, nos encontramos con un grupo, la mayoría jóvenes, que habían hecho el curso. Personas muy especiales, seres acostumbrados a meditar y a trabajar su conciencia. Los ahora llamados *alternativos*, seres sensibles y a la par llenos de vida y alegría.

Partíamos del aeropuerto de Madrid y llegábamos al Cairo al atardecer de un día fresco de invierno africano. Esa noche nos quedamos sin cenar, porque ya la cocina del hotel había cerrado. De mañana, a las siete, salíamos hacia las pirámides de Guiza. Se había formado una niebla espesa que no nos permitía ver la pirámide a escasos cincuenta metros de ella. El guía, nos decía que nunca había visto niebla tan densa. Todo tenía una lectura que luego comprendimos. Intentamos entrar en Keops pero la *fatalidad* hizo que se cerrara por haber una avería en la instalación eléctrica. Ya de buena mañana estaba concurrido el recinto de las pirámides, por grupos de turistas japoneses y chinos, algunos españoles e italianos. La única posibilidad era entrar en Kefrén.

Nuestra intención era hacer una meditación en la pirámide, antes de comenzar nuestra andadura por aquellos lugares sagrados. Entramos hasta donde se encontraba el sarcófago en la sala al final del pasadizo. Aquello parecía una fiesta de gente gritando y saltando dentro del sarcófago. Nuestra intención de orar y meditar en aquel sitio, parecía difícil o imposible.

En mi mente invoque a los antiguos dioses de Egipto diciendo: «En el nombre del ser que Soy invoco a los antiguos dioses de Egipto. Este es un lugar sagrado y necesitamos meditar». A los tres minutos, abrí los ojos asombrado del silencio. Mi hija me dijo que había visto un ave rapaz que sobrevolaba a la gente y que estas salían. «Era Horus» dije yo. Mi hija dudó y se extrañó, pero en cuanto cerró los ojos, el halcón se le plantó delante de su cara, como diciéndole *¿Ves como sí que soy yo?* Pudimos hacer el trabajo y meditar, y nadie nos interrumpió hasta terminarlo. Esto era ya el primer milagro y más sabiendo que la gran pirámide estaba cerrada.

Percibí una fuerza que era la que organizaba los acontecimientos, impedía los errores y enderezaba el trabajo. No parecía nada casual. La niebla espesa, pese a la niebla quisimos comenzar por la gran pirámide. Se corta la luz y nos impiden entrar en la gran pirámide, había que abrir más la percepción y entender las señales. Aquello se parecía a un guión de intriga de novela de aventuras. Visitamos

Sakara y pronto cogíamos el avión rumbo Luxor, donde iríamos después de visitar los templos magníficos.

Tebas era la ciudad de los palacios y de los grandes templos como los de Luxor y Karnak. Los colosos de Memnón, enormes figuras sedentes del faraón Amenhotep III de dieciocho metros de altura. Visitamos el Valle de los Reyes y el de las Reinas. Visitas de rigor para todo turista que se precie. Para nosotros centros de meditación y de trabajo.

Héctor, nuestro profesor nos narraba hechos no turísticos, sino curiosidades en los escritos y grabados de los muros de los templos. Tomamos un barco que nos llevaba hacia el sur remontando el Nilo. Básicamente nuestro trabajo trataba de despertar el poder y la magia de los templos que representan diferentes chacras, Estimular esos lugares invocando su poder y glorias pasadas. Cuna de religiones que encierran secretos no desvelados. En el templo de Komombo, llegamos ya de noche. La primera sorpresa fue que en todas nuestras cámaras con flash, aparecían esferas de diferente tamaño y potencia, que no tenían nada que ver con la iluminación son los llamados orbes.

Mi hijo Guillermo me dijo que un ejército de seres de luz nos recibía. Él así lo percibía, y recibía comunicación de otro plano. Parece ilusorio y pueril el tema, pero ya estoy acostumbrado a las videncias de mi hijo. El grupo hizo meditación y como en otros templos se pidió que volviera a ser lugar de poder en comunión con la Tierra.

En Edfú –templo dedicado al dios Horus, el que se apareció en la pirámide y echó a los ruidosos–, tuvimos serios problemas para meditar y decretar. Gente armada nos impedían orar y meditar o hacer cualquier acto que les pareciera sospechosos. Nuestro guía nos habló del poder oscuro que no le interesa nuestro trabajo. Puede ser cierto ya que el mal tiene antenas y medios para bloquear e interrumpir cualquier acto que atente contra ellos.

Posteriormente, nos fuimos al aeropuerto de Luxor, para marchar al mar Rojo a Sharm el Sheik ciudad que nos asombró por ser tan cosmopolita, al estilo Las Vegas, con casinos y grandes hoteles. Estaba lleno de turismo ruso y alemán. El hotel era espléndido, pero corta fue nuestra alegría de disfrutar de la lindeza de aquel inmenso hotel de cinco estrellas con playa privada en el Mar Rojo. Nada más llegar nos esperaba un autobús que resultó antiguo e incómodo y nos llevaría al interior, al monte Sinaí. Nos dieron una triste bolsita con alimentos y marchamos doscientos kilómetros hasta la base donde está el convento de coptos griegos a siete Kilómetros de la cima del Sinaí.

El monasterio de Santa Catalina posee la biblioteca más extensa de códices y libros antiguos del mundo. Esa noche subimos al monte Sinaí algunos tramos andando, otros en camello. Fue penoso para mí que siendo el de más edad, me resentía de mi sobrepeso y mi corazón delicado. Pero llegamos a la cima antes de amanecer. Lo que nos sorprendió era ver la cantidad de peregrinos de todas las nacionalidades que nos acompañaban. La salida del sol fue espectacular, estábamos a diez grados bajo cero, el aire era helado y el viento muy molesto. Tratamos de meditar y orar, pero era difícil estar todos juntos.

Nos habían comunicado telepáticamente que nos estarían esperando. En las fotografías aparecieron multitud de esferas de luz –orbes– en la terraza de la pequeña mezquita arriba del monte que es el mirador. Las esferas se repitieron en cada fotografía que realizábamos. Hasta en el Hotel de Sharm el Sheik donde celebramos el fin de año, aparecían las esferas como burbujas grandes de jabón. El número era muy inferior a las del monte Sinaí. Al menos dos o tres aparecían siempre al lado de uno de los nuestros.

Fuimos a Petra y nos quedamos en un magnífico hotel en Wadi Mussa –el valle de Moisés–. Petra nos encantó a todos y nos hizo pensar si ella no sería la legendaria Troya. Se realizó un trabajo arriba en un templo nabateo en lo más alto. En la meditación, los chicos tuvieron visiones curiosas. Después de Petra, hicimos incursiones en el desierto, con vistas magníficas y grabados ancestrales en las rocas. Aparecían dibujos de fauna típica de la sabana.

Después de disfrutar en Jordania del mar Rojo y posteriormente del mar Muerto, fuimos al río Jordán y al monte Nebo. En el río Jordán, pudimos ver como la frontera israelí hacía de un lugar tan importante un sitio de separación y odio entre humanos. Nos impactó sobre manera a mis hijos y a mí, estar en ese lugar y poder rememorar aquellos bautizos de Juan. Era el final de la ruta de Moisés, donde murió ante la vista de la Tierra Prometida.

> *La vista desde el monte Nebo nos permitía ver Jerusalén y las ruinas de Jericó. El Jordán y su valle. En aquel lugar tan especial, el grupo hizo un trabajo de fuego rosa de amor, esperando que de alguna forma la paz se instaurara en Palestina y Jerusalén.*

Desde Ammán retornamos a el Cairo donde si pudimos entrar en la gran pirámide para sellar el trabajo realizado. Catorce días inolvidables y llenos de misterio y aventuras, de luz y esperanza.

La gran revelación[1]

– Estábamos tú e yo en un lugar hermoso rodeados de grandes montañas, nos dirigimos a un templo colgado en un precipicio de tejados rojos. Era un gran templo budista como los del Tíbet. Nos vino a recibir un anciano sin edad que vestía como un monje tibetano pero su túnica era de seda. Supimos que estábamos en Bután.

El anciano se dirigió al más grande y lo abrazó diciéndole

– ¡Cuanto tiempo sin verte! Ya es el tiempo y has venido a tocar la Gran Campana

Una enorme campana sobre un andamiaje de troncos de madera, fue tañida por el más grande. Así comienza el momento del cambio de la Tierra. Posteriormente el Anciano y el maestro, se sentaron en el suelo y el anciano realizó un ritual dedicado a la madre tierra. Cogió pétalos de flores y los esparció sobre la tierra. Luego esparció arroz y finalmente introducía en la boca un líquido y lo lanzaba sobre la tierra desde su boca como hacen en Méjico y otras religiones. El maestro lo imitaba.

Posteriormente nos llevó a la entrada de un pasadizo enorme cerrado con una gran puerta. Ese pasadizo parecía que penetraba en las entrañas de la Tierra. Un enorme Dragón Dorado salió de la cueva siendo liberado. Ese gran dragón recorrería la Tierra devorando el mal allá donde estuviere. Trasmutando lo denso por luz. El más Grande había liberado al Dragón. El anciano era el llamado Anciano de días el que da el trono y el poder al que ha de venir que ya está aquí.

---

1 Videncia espacio-temporal de un gran momento

Y la campana sonó y dijo:

– Nae tannnn... Nae sannn... Nae hannn... –como si cantaran en la lengua primigenia de poder, para despertar en la humanidad el cambio vibracional.

Bután es un reino situado entre India –estado de Sikkim que le separa del Nepal– y China –región del Tíbet–. El nombre local del país es Druk Yul que significa Tierra del Dragón. Actualmente por su virginidad y pureza es conocido como el último *Shangri-la*.

Estos actos tan trascendentes para la humanidad, se dan de forma sencilla pero importante. Esta hiperrealidad sucede en planos sutiles pero reales. El llamado Mesías, ya actúa y es dirigido a efectuar el cambio y a capitanear al gran ejército de la luz. El Anciano de días *Sanat Kumara* se muestra amigable y sencillo como un gran lama en un lamaserio de Bután. La Gran campana es tañida por *el más grande*.

Esto se asemeja demasiado a la novela de aventuras de Isabel Allende *«El reino del Dragón Dorado»*. En la novela coincide el lugar y el dragón dorado, en la realidad espiritual el dragón es el que transmuta el mal por bien. La energía densa en sutil, el oro es la materialización de la luz. Muchas obras literarias y guiones de películas, son inducidos por inteligencias superiores o el *Ser Superior* de los guionistas que inventan temas que harán comprender a la humanidad lo que ha de venir, como La Guerra de las Galaxias y la película de James Cameron *«Avatar»*. Es esta una película que se refiere o establece paralelismos con el drama indio en Estados Unidos de América y Sudamérica. Similitudes con el amor y unión con la madre Tierra, el abuso y búsqueda de los invasores que intentan arrasar al pueblo indígena antes de renunciar a su oro, el metal preciado. La *«Guerra de las Galaxias»*, explica de forma muy didáctica lo que es *la fuerza*, la energía inteligente que sostiene el Universo y que es su creadora. En cuanto el guerrero acepta y comprende que él es también *la fuerza*, puede manejarla y se hace un superhéroe.

Cuando el humano comprende que él es el vehículo de su esencia divina y reclama su poder, se convierte en superhéroe también. Hasta en los dibujos animados, los personajes de ficción, son capaces de mutar de un niño normal a convertirse en superhéroes del comic. Realmente es un trabajo metafísico para hacer comprender a los niños la gran verdad, el que somos seres enormemente importantes y poderosos, pero lo hemos olvidado.

La película «Avatar», muestra otro mundo con diferente atmósfera, diferente mundo vegetal donde hay hermanamiento de la naturaleza con los seres que lo habitan, en perfecta armonía. El tema de la película, es que han logrado crear a un ser del mundo llamado Pandora, y acoplarle un ser humano, al que se interconecta. Esto es un avatar. Avatar es lo que nosotros somos de un *Ser Superior* que utiliza nuestro cuerpo para poder desarrollar actividades en la Tierra. *El problema es que nosotros no somos conscientes de que nuestro verdadero Yo es el huésped.*

Al igual que en la *«Guerra de las Galaxias»*, se muestra un tema básico muy claro. Es el lado oscuro que representa la dualidad, lo contrario a la luz. En la película explican lo fácil que es pasarse al lado oscuro y más cuanto más elevado sea el ser. Posiblemente nosotros en pequeño, pasamos también de lado de la luz al oscuro y viceversa. Si todo es cíclico, la luz y la oscuridad se turnan en los seres y en todo el universo. Todos somos duales, y en nuestra vida se manifiesta nuestra faceta buena y la mala. El bien absoluto no está en nosotros ni el mal absoluto. Lo que es, es, y así deberá ser. El ser aprende con sus experiencias utilizando el libre albedrío. Como nos dicen nuestros hermanos mayores: «todo está bien».

Me maravilla lo que pasa en el mundo. Fenómenos aún extraños, avistamientos, contactos con seres de otro plano. Enseñanzas del otro lado para desvelar a los humanos lo que estaba oculto por milenios. Es el tiempo de la cosecha, tiempo de revelación que se está cumpliendo a espaldas de teóricos estudiosos de todas las religiones. Produciéndose de forma fácil y esto lo destaco en este libro reiteradamente.

Los teólogos estudiosos de las escrituras se acartonan en sus conceptos y sólo en lo escrito haciéndolo dogma. Ser libre, es el aliciente fundamental para entrar en lo que llamamos comunicados *de arriba*. Libres de conceptos encorsetados, de teorías que se dieron como realidades inamovibles. La verdad se revela como he dicho muchas veces, a seres aparentemente sencillos y sin tantos esquemas. Y tú querido lector, eres libre de creer que son estupideces, que la sabiduría y el conocimiento solo se pueden dar a mentes preparadas intelectualmente.

Ser como un niño para entrar en el conocimiento y en el Reino. Esto significa mucho más que lo que tú crees. El niño puede fácilmente creer en los extraterrestres y en los superhombres. No pone barreras a su fantasía. El hombre con alma de niño lo tiene más fácil que el racionalista analítico. Todo se cumplirá como en un puzle, las piezas van encajando y la nueva tierra se está creando ya. Aquel sermón de la Montaña será profético y de alguna forma la selección será con los pacíficos, los misericordiosos y no habrá cabida para los otros que practican actividades egoístas, comerciando con las guerras, con las enfermedades con las debilidades humanas.

No es que intente decir que vendrá un cambio, sino que ese cambio ya está produciéndose. ¿No es magnífico saber que los limpios de corazón, los pacíficos y los que son misericordiosos poseerán la nueva Tierra? Esa promesa de salvación no va dirigida a ninguna religión o creencia sino al hombre. Esto es muy importante para todos, el saber que de nada sirve tanta historia y promesa de los dirigentes religiosos, prometiendo el cielo solo a los creyentes. Es el hombre que es de verdad limpio de corazón, manso, pacífico y con vibración de amor el que hereda la Tierra.

La Tierra es recorrida por líneas de fuerza electromagnética, que están sufriendo alteraciones. Esos cambios afectan a todos sus seres y también a nosotros. El resultado del cambio será grandioso, pero el parto como ya indiqué puede ser muy tormentoso y doloroso, sobre todo para aquellos que no lo acepten y sean resistentes al cambio.

«El resplandor del amanecer os está invadiendo, hay resistencia a ello, por esto hay dolor. Todo abandono duele al humano porque pone resistencia a abandonar sus costumbres, pero ustedes que han probado el sabor dulce del otro estado, sigan uniendo su vibración a la más elevada para conseguir el estado equilibrado de paz que les hará elevarse».

Parte de la comunicación recibida por Omaras el 02 de febrero de 2010.

Hace dos años, en enero del 2008, Omaras recibe un comunicado telepático diferente al resto. En él hablan de los planes *de arriba* para la humanidad. Como todos es de gran importancia, deseo compartirlo porque tú, amado lector o lectora lo mereces, y deberías conocer más lo que *se cuece*. Desearía que meditaras cada palabra, para comenzar a comprender que *arriba* existe unos poderes que apenas puedes comprender pero que ahora se manifiestan y que ya están muy cerca.

«Doce señores pertenecientes a la jerarquía superior de la luz, convocan asamblea y participan a la humanidad del deseo de provocar al humano, el gran despertar para gloria de la raza y conclusión de la primera parte del Plan de Rescate. Los señores son los representantes de doce tribus que poblaron la Tierra cuando se inició su desarrollo y aceptó entrar en el sistema. Los doce señores obedecen a

la Jerarquía Superior y en nombre de esta atan y desatan según procede, las actuaciones y ayudas. Los planes se están llevando a cabo. Entre la multitud hay grandes posibilidades de mantener contactos, para acceder a vuestro plano y en vuestro lenguaje hablaros».

Parte de la comunicación recibida por Omaras en enero 2008

Los que llamamos *de arriba* nos hablan de forma que podamos entender con nuestras limitaciones normales al ocupar un cuerpo que aún no está entrenado a entender y asimilar los planes que tiene la llamada jerarquía. Pero sin embargo sabemos que es un idioma claro y directo. Ellos conocen nuestras aparentes limitaciones.

Nuestro ego, nuestros conceptos y prejuicios son los que se resisten a este hecho tan grandioso como es La gran revelación.

El poder de la magia

«La vida es un gran puchero de energía y el humano la maneja sin ser consciente del poder que es esto, porque la energía se transforma, no muere y está en poder del Ser, que esa energía suba o baje de vibración. Ese es el tesoro, el poder del humano, el ser Mago. ¿Qué quieres de la vida? Primero trabaja para alcanzar la vibración que corresponde y luego por magia atraerás a ti lo que deseas, lo habrás conseguido con tu trabajo, con tu intuición y nunca lo perderás porque el río de la vida te arrastra al océano y no hay vuelta atrás. Cuando llegues al océano, serás bienvenido porque traerás la magia que has practicado y subirás el grado un poco más, porque la evolución no tiene fin».

Parte de la comunicación recibida por
Omaras el 26 de marzo de 2010.

El hombre cree que lo que le ocurre en su vida es fatalidad y si hay un Dios, Él es el culpable. No acepta fácilmente que es él, el creador de la situación negativa y nefasta en la que vive. Es más fácil culpar a causas ajenas que llegar a pensar y creer que uno mismo es la causa del mal, que su pensamiento ha forjado la aparente realidad de su vida. *Quien siembra vientos, recoge tempestades.*

Deberías saber que si el hombre en su ignorancia crea destrucción y miseria en su vida, también tiene el poder de crear bondad, alegría, bienestar y opulencia.

En la magia del cambio intervienen factores básicos. Lo primero y principal es saber que el poder pertenece al Yo superior, que es infinitamente más sensato y veraz, con sabiduría para saber si realizar o no el milagro, será bueno para tu evolución.

Tus esquemas mentales muchas veces son erróneos y parciales. Tú tienes un concepto que está manipulado por tu parcialidad y voluntad de acción. Suponte que deseas y pides que un ser querido sane, o que te toque la lotería. Tu *Yo Soy* sabe que el ser querido por el que te preocupas, debe volver a casa porque su tiempo ya terminó y *su Ser* así lo dispuso y aceptó. Aunque tu idea de la muerte, es de separación y dolor. La realidad no es tal. Tu persona querida vuelve a casa, a la dimensión apropiada según su evolución. Deja que la sabiduría superior continúe con el plan que será perfecto aunque tú lo niegues.

El deseo de que te toque la lotería puede parecer fantástico para tu ego, pero ¿cómo es para el *mago*? ¿Cómo lo ve el *Yo Soy* que está en ti? Sabe que tu mente y corazón se anclaría en lo terrenal, en el afán de posesión y solo pensaría en guardar, comprar, sorprender a los demás y creer que la felicidad es ese dinero que le ha caído sin esfuerzo. Piensa que es una prueba muy dura el estar en el camino o con gran deseo de evolución espiritual y que te caiga esta prueba de ser millonario de la noche a la mañana. Lo difícil seria repartir, dando a los demás lo que precisan para vivir, hacer grandes obras de ayuda, renunciar al chalet, la casa de lujo y al gran automóvil.

Solo con espíritu más que generoso, tu *Yo superior* te concedería el regalo, pero creo él nos conoce demasiado bien. Ser rico es más fácil cuando se hace desde el trabajo y el esfuerzo de una vida. Entonces sabrías administrarlo mejor que el *afortunado* al que le regala el azar un gran premio. Todos lo hemos deseado y nuestra mente cuando fabula, nos tiene embelesados, prisioneros de un sueño nada real.

El afán de ser rico sin esfuerzo, es una droga, que genera endorfinas como las del juego compulsivo. El placer de imaginar que te toque el premio, esas endorfinas proporcionan enganchan de una forma vil.

¿Crees que los budistas se equivocan cuando aplican los pensamientos del maestro Buda? Saben que la verdadera felicidad está en el no desear. Vivir el presente sin adormecerse en el opio de las riquezas prometidas. Para el espíritu, esas riquezas son basura. Tú eres espíritu y tu ego trata de tenderte la amarra del deseo. Aceptarlo cuesta y más cuando vives en una sociedad de consumo, donde la supuesta felicidad radica en tener una magnífica casa y todos lujos.

Piensa en los millones de personas que no tienen ni lo que tú desprecias. Ellos también sueñan con riquezas sin par, desearían estar en tu situación. Eres su referente de bienestar. Con tu abundante ropa –aún que sean dos pantalones y dos camisas–, una bicicleta que funciona y que tiene frenos, una casa con techo de tejas en la que no cale el agua de lluvia y que el viento no la lleve. Para algunos ya eres rico y date cuenta que ellos ríen más que nosotros.

Cuando estés en *armonía*, tu Mago te dará lo que necesites sin reticencias, de una forma fácil y natural, casi siempre fruto de tu trabajo, de una buena racha que te traerá esa cantidad que precisas.

¿Por qué tu Ser permite la enfermedad, la pobreza, el dolor? Porque tanto tú como el haitiano, el cubano, el tailandés o el birmano, estáis en clase. En la escuela donde ahora toca aprender a ser *magos*, que quiere decir que deberá *conocerse a sí mismo, aprender que el poder está en ti mismo*.

La lámpara maravillosa es un cuento sufí que cuenta como un mago negro, intenta lograr una lámpara maravillosa capaz de conceder por gracia de un genio, todo lo que él desee. El mago busca a su sobrino Aladino, muchacho puro y sin maldad alguna y le obliga a bajar a una cueva. Al no poder alcanzarle la lámpara, abandona a su sobrino y sella la cueva. Aladino encuentra entre grandes tesoros la lámpara maravillosa. Intenta encenderla y frota la lámpara para limpiarla. Es entonces cuando aparece el genio que lo saca de allí y le colma de riquezas.

El cuento está lleno de simbolismos que se acoplan perfectamente a los requisitos para el Mago. El genio es el *Yo Soy* que tiene el poder de darte todo lo que precises. El muchacho es un ser inocente y limpio de corazón. Cuando limpia la lámpara, significa que la persona que ansia contactar con su Yo superior tiene que limpiar su persona actuando, pensando y sintiendo de forma correcta, con amor incondicional. El mago negro no era limpio de corazón y no podía alcanzar la lámpara. Es requisito imprescindible conocer como juega el Yo Superior, tu genio. Él no concede según el capricho de tu ego, su punto de vista se basa en datos que no tienes.

Cuando deseas que te toque la Bonoloto, deberías saber en el lío que te meterías si te lo concediera. Es una prueba que pocos superan. Tu mente y atención se centrarían en ¿qué compraré?, ¿qué me hará feliz?. Dejarías de lado tu evolución espiritual porque la encontrarías innecesaria y ridícula. La tentación es demasiado fuerte para soportarla.

Para el espíritu que eres, no tienen ninguna importancia las riquezas, y más las que se regalan y no cuestan esfuerzo. La enfermedad y la pobreza son enseñanzas que intentan que la persona aprenda a sentir que debería buscar solución dentro de ella, no en los demás. Si uno fue rico en una vida y no aprendió a manejar la riqueza y compartir, en la otra vida será pobre y aprenderá lo que es no tener ni comida. Cuando la persona aprende a compartir y vivir con amor, no vuelve atrás sino que mejora su próxima vida. Prueba superada ya no se repite. Se dice que la felicidad no la da el dinero, el deseo de riquezas es una droga que produce endorfinas y te atrapa.

> *Las emociones y sentimientos de deseo, sea sexual o de posesión, son un gran instrumento que utiliza la mente para tenerte atrapado.*

De eso huyen los budistas, no por puritanismo sino porque así su atención se puede centrar en la búsqueda de tu interior, del buda interno.

> *Si realmente quieres ser feliz, lo aconsejable sería cambiar de comportamiento con los demás. Cambiando tú, cambia tu mundo. Esto lo puedes comprobar. Cuando tenemos problemas de relación con los demás, no esperes que los demás cambien y te acepten o admiren, o simplemente reconozcan tu valía.*

Aquí *el mago* interviene para lograr el cambio en ti y todo cambiará a tu alrededor. Cuando logres un estado de armonía, coméntate a ti mismo o mejor dile a tu *Mago interno*, que quieres ganar para tal propósito. Él se entera y no hará falta que le reiteres que es lo que quieres. Si repites la petición no funcionará. Se trata de crear un estado de paz y aceptación sin angustias o ruegos, solo lo afirmas e ya no lo repites, ni estés pendiente de que se cumpla.

Lo mejor vendrá cuando al cabo de un tiempo, de una forma natural y dulce, te des cuenta de que se ha cumplido lo que pediste. Quien no tiene fe ni confianza, pide con ansia y repetitivamente lo que quiere.

El Mago quiere que lo reconozcas y que confíes en Él. Quiere que lo pruebes y así descubras el poder mágico de tu Ser. Para *el Ser* o *Yo Soy* es un juego en el que te dice: «Soy en ti, pruébame, pide y te lo daré».

> *Cuando lo descubres te llena de alegría. Cuesta aceptarlo porque hemos estado milenios alejados de esta realidad, la que el poder está dentro de ti y de mí, de cada uno.*

Un famoso libro que trata esto es *«El Secreto»*. Está muy sabiamente expresado, pero enfocado de forma equivocada según mi criterio. Lo centra en la posesión, en la materia, en lograr el éxito económico –muy americano– el poder del Mago, se centra de algo que deberás comprender y aprender que es *el decreto*.

El decreto

¿Qué es un decreto? *El decreto* es un mandato para que se cumpla algo que tú deseas que así sea y así se cumpla. Es la piedra filosofal del poder. Se ha utilizado en la historia del hombre desde siempre. Lo hacían los reyes, los legisladores y los magos. Lo hacían porque conocían su poder humano para ello.

Pero el decreto es mucho más, es el verbo en acción. Es la fuerza primigenia y divina para crear. Y lo que se te está diciendo amigo, amiga, *es que tú puedes porque eres hijo de Dios.* Tienes el poder y la gloria de realizar proezas maravillosas, y cuando crezcas podrás crear mundos. Esa es la gran magia, es el gran secreto escondido al hombre donde dicen, no lo encontrarías jamás, está en tu corazón.

Esa magia fue empleada para crear el mal y el bien. Tienes la posibilidad de hacerlo, pero que sepas que todo tiene *una causa y un efecto* –una de las leyes del universo– que ya fueron divulgadas desde tiempos remotos por Hermes Trismegisto. El poder exige responsabilidad. Solo se le ofrece a aquel que puede comprender y tiene una cantidad de amor suficiente. Pero el ser evolucionado que es el que más ama, podría pasar al lado oscuro y sería un mago del otro lado. Esta suposición aparece en la película de *«La guerra de las Galaxias».* La efectividad del decreto depende de factores importantes *fe* para invocar al *Yo superior* para que en tu nombre se realice lo decretado. Cuando la conciencia esté desarrollada, lo que quieres o necesites se manifestará.

Es el efecto de la lámpara maravillosa, cuando la frotas se produce el milagro que te proporciona el genio. La piedra filosofal, químicamente es una quimera, el transformar el plomo en oro es un simbolismo.

El hombre siempre se ha creído de sí mismo que era frágil, pequeño y despreciable. Atado a la enfermedad y al dolor, pequeño y limitado. Pero el significado real de la piedra filosofal, seria que el plomo, que es el hombre, cuando conoce su ser, se convierta en oro. El oro seria la esencia de la luz, es el color de la divinidad. Un ser de obscuridad, puede convertirse en ser de luz cuando aprende que la formula está al alcance de su mano y que el genio es su parte divina manifestándose. Cuando la conciencia del humano descubre que él es Dios y lo cree y lo vive, el plomo se convierte en oro.

Cuando un humano, hijo de la luz se *ve*, es un ser con el aura dorada. Al más grande se le puede ver con un aura esférica dorada como un sol. Llegados a este punto, la pregunta normal deseada sería:

> *¿Qué hay que hacer para lograr esto?*
>
> *Les aconsejaría muchas cosas necesarias para ser un iniciado en la búsqueda de uno mismo, que sería lo mismo que decir de Dios.*

1 *Llevar un equipaje liviano.* Ligero de equipaje era lo que Toni de Mello decía en sus escritos. Pocas ataduras para subir la montaña que se presenta. Esta es la mejor época para subirla, y el premio se ve desde arriba. La libertad comienza dejando al lado creencias antiguas y conceptos aprendidos. Ir con el corazón y la mente limpia. Comenzar a pensar que en ese corazón está la respuesta, no en las teorías y las religiones trasnochadas.

2 Meditar que como expliqué es entrar en el silencio. Silenciar la mente parlanchina que nos bombardea con sus dudas y miedos, produciendo tal ruido que no nos deja oír a nuestro corazón. Todos los días tendrías que procurar meditar un ratito. Llega un momento en que Él habla. Te hablara con voz queda y amorosa, pero eres tú mismo. Es tan respetuoso tu *Yo Soy* que no impone ni se manifiesta si no es llamado.

3 Llámalo, pídele que venga a ti, espéralo con anhelo y amor. Él seguro que acudirá más o menos pronto dependiendo de lo limpio y preparado que estés. Escribe lo que te diga y no dejes que la mente trate de poner conceptos e ideas. Si deseas hacer decretos de diferentes formas y motivos variados, introduce en tu ordenador, las palabras *los decretos en metafísica*. En mi opinión es que pueden ayudar, pero para pedir o dialogar con tu *Yo superior*, no haría falta tanto boato y perfección, simplemente sentir que hablas en nombre del que te ama, tu *Yo Soy*.

El decreto puede utilizarse de forma sencilla y por cosas simples. Haz la prueba y te lo demostrará el universo que confabula contigo.

Voy a encontrar un sitio el mejor, para aparcar mi vehículo.

Necesito que mi vida sea feliz y así será.

Quiero poder tener dinero para resolver mi vida de forma perfecta.

Deseo encontrar a la pareja que sea perfecta para mí.

Esos deseos, los escucha tu subconsciente que sería el piloto automático que funciona un código propio. Si quieres estar sano no pronuncies la palabra enfermedad o dolor o pobreza. *No nombres lo que no quieres en tu vida.* El subconsciente es lo que te une al universo y por tanto ejecuta órdenes que formulas, en bien o en mal.

Al decir «no quiero estar más enfermo», el subconsciente no entiende el «no» quedando con el siguiente mensaje: «quiero estar más enfermo».

Lo perfecto sería formularlo así: «*Yo Soy* la salud en cada célula de mi cuerpo». Lo que se espera es que tu pruebes estas verdades que aumentarán tu fe y confianza en que es así. Cada vez que piensas o dices: «no puede ser verdad» cierras la puerta para que se realice el milagro. El pedido se hace de forma curiosa.

Es más efectiva una petición acompañada de escaso ímpetu o deseo que el pedir reiteradamente «quiero tal cosa por favor... por favor...». La fórmula eficaz sería: «quiero y necesito tal cosa». Sin más y sin dudas al respecto. Te olvidas de la petición que hiciste, confías y pronto se manifestará el efecto positivo.

Así es y así se cumple.

Cuando ya eres experto en decretos, aprendes a utilizar ese poder sabiendo que es en nombre de la mágica presencia del *Yo Soy* la que realiza el prodigio. Como con anterioridad dije, el *Ser Superior* que eres, sabe exactamente lo que hay que hacer. Él juega a que descubras que eres parte de Él. Hasta que te identifiques con el *Ser Superior* que eres. La gota de agua descubre que no está aislada, sino que forma parte de una totalidad llamado océano.

Las situaciones extremas en la vida, se consienten porque solo al tocar fondo... un ser en su obscuridad, no tiene más remedio que pedir ayuda y reclamar que lo saquen de ahí. Que descubra que es ficción aunque parezca real. La razón es descubrir quién eres y cuál es el poder de tu *Yo Soy*.

Llama y serás escuchado, pide y se te dará. Así es el gran secreto de la existencia, el porqué de todas las circunstancias que llenan tu vida. Es la razón de todo lo bueno y lo aparentemente malo que sucede en nuestras vidas. De esta verdad surge lo que los cabalistas llaman, «los dos caminos para llegar al Padre», *por el camino de la gracia o la del dolor*. El padre está en ti tan cerca que no lo crees.

Una amiga espiritual, se encuentra en una situación límite con intentos de suicidio. Su deterioro es enorme y refugia su bajísima autoestima en el alcohol. La vida le he llevado a este estado de marasmo, al fondo del pozo más profundo. Nuestras oraciones y ruegos por ella, parecen no tener efecto. Da la impresión de haber tirado la oportunidad que tenía. Arriba *el Ser* permite este deterioro que siempre es por decisión del que lo sufre. Hay una razón fundamental en esto y esa razón se repite en todos los casos de hundimiento, miserias, enfermedades y pérdidas de seres amados.

Llamar a tu *Ser Superior* por voluntad propia, es la fórmula para salir del agujero. Solo la persona afectada es la que puede hacer que se produzca el milagro para salir del marasmo y oscuridad.

Piensa que esta escuela de la Tierra es de las más duras del universo. El humano que se niega a admitir su realeza divina decide ir por la vía del dolor. Camino que se termina cuando uno deja el mando al Yo superior, al *Yo Soy.*

Siempre se ha achacado a las desgracias a la voluntad de Dios y se ha dicho que su voluntad era inescrutable. Ya veis cuan lejos de esa aseveración esta la verdad. El que uno se infrinja dolores y sacrificios puede no servir de nada, si no lleva la intencionalidad de limitar el afán de poseer. Dios no quiere que tú –su avatar– sufras. Solo quiere que lo reconozcas y que seas Él y estés en Él. Mira que simple y que difícil lo hacemos.

Siempre se considera al hombre limitado, frágil y sin derecho a nada. Bien, parece que esa es la visión impuesta por los poderes de la oscuridad que haciendo su papel permitido por la jerarquía, pretende que te cueste descubrir que eres un espíritu enormemente importante y que eres de la misma naturaleza del que te creó. Puedes tardar en despertar milenios o una sola vida. *La razón de este libro y de tantos otros que aparecen en el mundo, es gritar a la humanidad esta simple verdad.*

Si la Tierra está haciendo un cambio tan importante, el hombre que la habita también deberá hacer por su parte ese cambio, porque es parte de la Tierra. Los que no logren abrirse o cambiar, según nos cuentan, no tendrán lugar en la tierra nueva.

El decreto ayuda a acercarte a la gran verdad que he expuesto. Jesús conocía el poder del decreto y en las escrituras lo manifiesta con regularidad. Los que le oyeron y los que siguen sus palabras, creen que solo él era el que podía decretar. Pero su enseñanza era para todos y tú puedes decir «*Yo Soy* la resurrección y la vida», «*Yo Soy* la luz del mundo». Como he dicho nos enseñó a decretar y lo tomaron como una aseveración única atribuible solo a él. Ese es el gran error.

Su vida sería poco o nada eficaz, si la autentica razón de su enseñanza se perdiera. Lo más importante es el mensaje, no el mensajero.

Cuando dices Yo Soy estás diciendo: «Dios en mí es...»

Tu apariencia con sus defectos y virtudes, es solo eso un personaje en busca del autor que está en su corazón. No es orgullo el decretar, sino la respuesta natural a la gran llamada para que se manifieste la divinidad en ti, en tu vida, en tu mente y en tu corazón.

Entre ángeles

En varias ocasiones hemos trabajado conscientes o no, con seres angélicos. Tengo la certeza de que se manifiestan para ayudar a los humanos, de forma directa, manifestándose como humanos también.

Aquel ángel de la guarda de mi infancia, se hacía patente y tomaba cuerpo y voz. Hace ya veinte años, después de los trabajo de luz que hicimos en Inglaterra –que he narrado en este libro–, él habló a través de mi hijo mayor.

Conocimos a unos muchachos que fueron llamados los «ángeles de Paiporta».

Paiporta es un pueblo cercano a la capital Valencia. Hacía escasos años unos jóvenes andaluces se habían instalado en el pueblo. Venían de Úbeda en busca de cielos nuevos y de un futuro. Cuentan que un día en una cafetería donde acostumbraban a reunirse, se les acercó un hombre joven y les empezó a hablar de ellos, demostrando que conocía totalmente las vidas e intimidades de aquellos chicos.

Estamos en época de revelación y es frecuente sus apariciones y comunicaciones telepáticas. Las fuerzas negativas, trataran de oponerse o por la vía del raciocinio y la congruencia científica, o contaminando el mensaje como hicieron con los «ángeles de Paiporta»

Según he logrado comprender, entre nosotros conviven ángeles, estos ángeles están ocupando un cuerpo humano desde milenios. Es el *Ser Superior* de humanos que están entre nosotros. Ese humano no se manifiesta como ser angélico, sino como hombre con sus virtudes y defectos. Algunos de ellos son seres solares, ángeles que tienen nombre y representan los setenta y dos rostros de Dios. De esto poco se ha hablado y creo que es una revelación que no es descabellada.

Personas que fueron fundamentales en la evolución espiritual del hombre, fueron ángeles haciendo su plan como hombres. El hombre no es consciente de lo que realmente es, pero es influenciado por el ser divino o angélico del genio solar. Jesús es uno de ellos.

En el último viaje a Egipto, esperando subir al avión que nos llevaría a Ammán[1], le comente a mi hija Amparo que practicara mientras esperábamos y que observara las auras de una pareja que venía en el grupo. Esta pareja era un matrimonio joven que demostraba un cariño y una unión magnífica. Me fui a conversar con mi hijo mayor y le comenté que aquella pareja era tan armónica y hermosa, que parecían ángeles. Al cabo de unos minutos, se acercó mi hija y me comentó asombrada: «No les he visto el aura normal, sino un par de alas de luz que le salían de la espalda».

Ellos parecían desconocer su identidad angélica. Ella es abogada y él empresario. Cuando pienso que es lo que pasa, resulta natural que un trabajo que parece tan importante debería ir custodiado por ángeles y así fue. Ellos no conocían la metafísica, sí tenían gran curiosidad, sobre todo ella. Los ángeles están entre nosotros, algunos viviendo como humanos y se nos cruzan en la vida en momentos importantes.

Es hermoso saber que entre los humanos hay maestros ascendidos, ángeles, seres míticos que hacen vida normal como humanos y que muchos de estos aún no son conscientes de quienes son.

> *No os extrañe lo que me atrevo a decir, pero pensar que todos somos seres divinos, unos en el final de carrera y otros en párvulos.*

---

1 Es la capital del Reino Hachemita de Jordania

Ser Dios

Posiblemente erraré en muchas cosas, no lo sé. Solo quiero explicar lo que aparentemente es tan difícil aceptar. Ya adelanté el concepto a cerca de la evolución del ser. Ahora lo reiteraré y procuraré dar ejemplos claros que lo desarrollen.

Somos la última manifestación de un ser inmenso en poder y magnificencia. El principio como es arriba es abajo se puede aplicar.

Comentaba anteriormente que cada uno de nosotros es parte de Dios como lo es una gota de agua el océano. Dios se diversifica hasta el infinito y cada parte recoge información. Este principio seria el Padre de todos los mundos, de todos los universos y formas de vida. Él crea un mundo multidimensional, un universo múltiple y en el transcurso de eones, los seres que crea se van desarrollando en sabiduría y amor.

Cada universo tiene al *dios* de ese universo que es una rama del Padre de todos los universos. Cada *dios universal* crea galaxias, millones de galaxias. Cada galaxia tiene un representante dios que será el padre de la galaxia, que formará millones de estrellas y cada estrella... es la manifestación de Dios.

Nuestro sol es la manifestación visible de Dios y Él nos ha creado. Él es parte del dios de la Galaxia que está en el centro de esta galaxia. Jesús decía «*Yo Soy* la luz del mundo» eso es el sol. Es un ser solar de la misma naturaleza que el Padre. En tu corazón está la réplica del sol interior. Tú eres su hijo. Imagínate un gran árbol; del gran tronco nacen enormes ramas, cada rama poderosa se divide en ramas más y más finas... Tú eres una ramita terminal, pero eres parte de la gran rama y su fuerza se manifiesta en ti, su savia corre en tus venas tú eres Él y Él eres tú. Esto es lo que explicó Jesús a sus discípulos.

Sucede que hay seres de gran luz, que son multidimensionales y como la rama gruesa, se abre a la existencia en varios seres. Cada ser es único e irrepetible como lo eres tú, pero puede que seas esa rama directa que forma el gran ser. Así puedes comprender, por ejemplo, que aquel gran ser que fue Jesús, ahora puede ser un ser séptuplo, puede manifestarse en siete formas de vida a la vez y esas formas de vida pueden ser conscientes de que ellos fueron Jesús el Cristo. El que fue Jesús, es un genio solar, es Sananda y está en otros cuerpos más.

Otras ramas gruesas, pueden ser los llamados maestros ascendidos. Ellos igualmente pueden haber nacido en varios seres. Su ser se diversifica en varios seres como la rama que alcanza un tamaño suficiente, tira ramas nuevas. Esta teoría, la vemos en una película singular «El pequeño buda» dirigida por Bernardo Bertolucci. Narra la historia de la búsqueda del ser en el que se había reencarnado un gran lama llamado Dorgi. Este lama había muerto hacía ocho años y anunció que reencarnaría en seguida. Otro lama el encargado de la búsqueda, había tenido sueños repetitivos de una colina y una casa de estados Unidos donde vivía un niño de ocho años llamado Jesse. Terminan yendo padre e hijo a Nepal para que le hicieran pruebas al niño y demostrar si era o no reencarnación del lama. Al final ya en Tíbet, conoce a un niño Rayu que es tibetano y a una niña que también eran candidatos a ser la reencarnación del lama. El curioso final aparentemente inexplicable es que el lama se había reencarnado en los tres niños. Curiosamente una rama de un importante ser, recuerda o tiene gran afinidad por aquel ser. Debería comentar aunque en clave de humor, que ha habido multitud de *Napoleones* y *Cleopatras*, y que por supuesto dudo que fuesen ramas tan importantes como para reencarnar en muchos.

Mi ser parece que está unido a una gran energía de un maestro ascendido. Siempre he sentido afinidad hacia él y lo que representa, hasta que me dijo un ser que se comunica con su Yo Superior que yo era parte de él. Me desbordaba esto y no podía aceptarlo. ¿Como un ser pequeño y casi desconocido como yo, lleno de defectos y carencias podría ser parte de un maestro ascendido? Mi mente se rebelaba y la razón se asustaba. Posteriormente se manifestaba esa realidad tan fantástica como algo probable y casaban recuerdos de comentarios pasados que no entendía en su momento. No sé si realmente mi ser o tronco de mi rama es ese maestro, pero aparentemente yo no merezco su grandeza. Lo que tenga que ser y saberse así será.

¿Cuántos seres multidimensionales están en el Ser del maestro? Quien sabe. Lo que espero es estar a una altura que no desmerezca. Vivo como el personaje que ahora vive en esta dimensión y espero a que el papel que tenga que hacer, se manifieste.

Todos somos *uno* y estamos más cercanos al uno que sería la rama principal. Cada uno de nosotros somos templo del sol central que es una réplica de los soles poderosos que nos han creado. Todos los soles o estrellas giran en derredor de una estrella o sol central estando ligados. Todas las estrellas dependerán del sol central de la galaxia y todas las galaxias que son millones, dependen del centro primario creador del Universo. Pues bien; hay muchos universos que han sido creados por el Padre Madre de todos los Universos y de todas las formas de vida.

Quizás sea este el tema más difícil de aceptar, siempre decíamos que aquel que se atrevía a decir que era Dios, era un perturbado, un loco. Resulta que el demente dice la verdad y el cuerdo se pierde en su oscuro laberinto de teorías y dogmatismos. Como en aquel cuento sufí que contaba:

> *¿Dónde esconder del hombre el poder –el más grande tesoro– y que no lo encuentre?... Y lo escondieron en el corazón del hombre.*

Todos estos temas que desbordan la imaginación, son y serán negados por los seres que se aferran a su religión y sus dogmas. Como Jesús transmitió un mensaje que no parece con lo que se ha interpretado. Se teoriza mucho sobre su intención y sus palabras. Estas fueron acondicionadas y escritas después de unos siglos de su muerte y no precisamente buscando la mayor verdad posible. Se aceptaron los cuatro evangelios conocidos y se desecharon los otros llamados apócrifos. Los que fueron seguidores de los primeros compañeros de Jesús, después de un tiempo dilatado, fantaseaban con las historias. Temen que caigan las iglesias si no se aceptan como dogmas los pilares que la sustentan.

La verdad debe buscarse y esa verdad jamás ira en contra de los designios y voluntades de Dios. ¿Qué es lo que temen? Por la búsqueda de la verdad Musa (Moisés) dejó su estatus de príncipe y se enfrentó al poder dogmático también de Egipto. Sufrió y caminó durante cuarenta años según el Éxodo, podía ser una cifra simbólica pues es difícil creer que estuviese tanto tiempo perdido. La búsqueda de Musa de la Tierra Prometida. Rompió con el mundo antiguo y buscó la verdad que el corazón, y luego en la zarza su Dios le habló.

En mi opinión todo camino puede ser bueno para buscar la verdad y el llamado paraíso. Unos caminos serán más tortuosos que otros pero te hacen evolucionar. Y si no lo hacen desaparecerán, y será la persona el que muera y renazca hasta lograr pisar el camino del discípulo, hasta estar maduro para terminar la Gran Búsqueda.

Estos temas aun que parezcan raros son más sencillos de lo que parecen. Esta lectura es para todos. Piensas en tus padres, si estarán o no a la altura de las circunstancias *si se salvarán*, si entenderán tus hermanos o tus amigos. Si tu pareja a parte del futbol le interesará esto... Tantos pensamientos que te desbordan. La respuesta es sencilla. Tu pareja, tu madre o tus amigos o hijos, son seres muy distintos a la apariencia que tienen. Tu concepto se basa en la apariencia del personaje que desarrolla en esta encarnación. Son mucho más. Su ser ha vivido multitud de experiencias. Tienen a su *Ser Superior* como tú lo tienes. No juzgues si están o no en la luz.

Recuerdo cuando enterraron a mi hermano mayor, Nicolás. Era un hombre sencillo y creo que jamás había tenido una conversación seria de temas trascendentes con él. Nada religioso entregado a su trabajo, al negocio de las gasolineras y a su familia, sobre todo a su nieto. El concepto que tenía de él, era básico, de un hombre bueno y sencillo y en mi criterio jamás preocupado por temas espirituales, con una barrera aparentemente infranqueable y lejos de mi *vibración*.

Cuando se celebraba el funeral, mi hijo Emilio, lo vio claramente al lado del ataúd, mirándonos a todos con una luz enorme en todo su ser. Con una apariencia de gran paz y felicidad. Resulta que mi hermano no era lo que yo veía, era infinitamente más, y ante todo su gran virtud era que amaba mucho a su familia. El amor, es la manifestación más alta de espiritualidad. Pablo de Tarso decía en sus epístolas *que un hombre por grande que fuera si no tenia amor, de nada servía*. Aquí se manifestaba la otra cara de lo que decía Pablo, *aquel que ama lo es todo*.

> *La faceta que más nos hace manifestar el poder y los atributos divinos en nosotros, es el amor.*

No temas por ellos. Son parte de ti y si tú creces en luz, también les irradiás. Algunos seres vienen a ser pruebas para sí mismos y los familiares más directos. Ese hijo drogadicto y hasta ladrón, está haciendo su función y es una prueba para ti. Prueba de amor incondicional, de tolerancia, etc.

Los conceptos judeocristianos del bien y del mal nos llevan a pensar que estos seres cercanos son un fracaso, desechos de nuestra sociedad. No es así.

> *Todos somos muy amados. Sólo tenemos que comprender el papel que interpretamos, los llamados de arriba no juzgan, solo aman y comprenden.*

No podemos saber quién está preparado para el salto y quién no. El que ahora en este final de curso no esté preparado, repite curso *¡no* *se le mete en un infierno eterno!* Vuelve a nacer en este plano y sigue aprendiendo, olvidando quien fue y teniendo nuevas oportunidades para despertar.

Vuelve a nacer y siempre tendrá la oportunidad del salto que ahora muchos darán. Es el resumen de lo que ahora puede pasar.

¿Cuál es nuestro destino? Mi teoría de lo que puede pasar con el ser humano

«La raza humana ha de persistir, solo un cambio en parte de ella, que será llevada notará la distinción del momento, todo se llevará con armonía y sin ruptura porque nuestro actuar siempre es armonioso. Nada perturbará y nada temblará porque estará en plena sintonía con nosotros. Todo se os desvelará en el momento, por eso os decimos preparar el equipaje.»

Comunicación recibida por Omaras el 03 de mayo de 2010.
Omaras pregunta a los seres de sabiduría,
¿Cual será el destino de la raza humana?

En sueños también nos hablan; tu Yo superior, tu guía o tu ángel te dejan que en el sueño te vengan los mensajes. Nos escriben muchos mensajes que son como cartas *del otro lado*. Si esas cartas no se abren no sirven de nada.

Desde antiguo se daban esos sueños y se conocen algunos por lo significativos que fueron, como el del Faraón y José con las siete vacas flacas y siete gordas. Era un metamensaje para José que lo sabia interpretar. Y al rey Nabucodonosor II con su sueño del gigante de cabeza de oro y pies de barro, pecho de plata, cadera y piernas de hierro, y pies de hierro mezclados con barro. Daniel lo interpreta cuando todos los magos habían fracasado. Hablaba su interpretación de la caída del imperio en el transcurso de la historia.

Dios me dio de alguna manera la cualidad de interpretar sueños y lo he practicado siempre. No están fuera de la lógica. Es como un paquete de información codificada en símbolos y acciones que te avisan. Otros sueños son más directos y te muestran alguna catástrofe o muerte próxima. Cuando esto sucede, lo importante es que sepas que del otro lado te mandan mensajes, ya que no has desarrollado la telepatía. Tómalo como una herramienta útil de contacto. Para tener sueños, sería bueno antes de acostarte lavarte los pies. Cuando despiertes de un sueño, escribe lo que recuerdes, lo más significativo y continua durmiendo.

Antes de realizarse la película *«Deep impact»*, que narra la caída de un gran meteorito en la Tierra, tuve un sueño que me despertó como una pesadilla y me llenó de estupor y sobresalto. El sueño se manifestaba de forma diferente a lo normal, paseaba con mi esposa por una zona comercial de mi ciudad, se notaba un estado generalizado de tensión en el ambiente. El cielo al atardecer estaba más enrojecido que lo habitual en la puesta de sol. Mi visión cambió y vi acercándose a la Tierra un gran meteorito de aspecto muy siniestro. Luces en el cielo se manifestaban, como naves extraterrestres. Bendije mentalmente a los seres que se mostraban con sus naves. Una de ellas se acercó y luego marchó con gran aceleración. Entonces se oyó un clamor de toda la gente de todas partes y un ruido ensordecedor semejante al que se produce en el final apoteósico de una *dispará* valenciana en Fallas. Del clamor de la gente me desperté con una gran angustia. Fue una pesadilla seguramente.

Pesadillas como estas y de un maremoto que se lleva a la gente y casas quedando las ciudades bajo las aguas, son frecuentes. Esto no quiere decir que se produzcan. Hay seguramente varias posibilidades que pueden suceder, pero ¿en qué dimensión? Es difícil entender que a lo peor, lo que le pase a tu vecino no te pase a ti. Dependerá quizás del grado de vibración de la persona.

No nos deberíamos preocupar demasiado, simplemente cambiar y procurar estar en el equipo ganador. Seguramente cuando el llamado juicio final se dé, será distinto a lo que se cree.

De niño soñé un acontecimiento singular, yo sería testigo. Era testigo del *juicio final*. Lo veía como una frontera de dos países, donde sólo algunos pasaban. Lo más extraño fue que un autobús lleno de seminaristas –futuros sacerdotes católicos– no pasaban y los volvían atrás. Para mí los seminaristas eran los jóvenes más buenos de todos y aquello me aterrorizó. Comprendo ahora el significado y creo se refería a que la Iglesia a la que pertenecían será *juzgada* como las demás. Pasaran los mansos de corazón sea de esta u otra religión, los misericordiosos y los pacíficos, esos sueños son precogniciones o avisos fuera del tiempo de lo que ha de suceder.

Comprendo ahora que la frontera se pasa según la vibración de cada uno, de su luz, de su amor.

Cuando empecé a trabajar en mi hospital, se llamaba como el fundador de la falange – movimiento fascista de la preguerra nacional en España– José Antonio. La dictadura de Franco ya hacía años había terminado con la muerte del dictador. En aquel momento los que políticamente en mi hospital tenían más relevancia eran los que habían pertenecido al movimiento en el partido comunista y socialista. De siempre la figura del sabio médico de papas y reyes Arnaldo de Vilanova me había cautivado. Siempre que podía le comentaba al jefe de medicina interna y al de hematología, lo importante que era cambiar el nombre del centro y poner uno no político como el de Arnau de Vilanova.

Curiosamente este genio alquimista y médico relevante, tenía una obsesión que le hizo sufrir la excomunión del papa. Excomunión que levantaba cuando precisaba el santo padre de sus servicios. La obsesión era que sería testigo del fin de los tiempos, como vaticinaba un iluminado ermitaño italiano y que el Mesías llegaría a Jerusalén otra vez. Se pasó intentando convencer a don Pedro rey del reino de Valencia, hijo de don Jaime el conquistador, de que debería hacer otra cruzada para conseguir tomar Jerusalén y que fuese un rey cristiano el que recibiera al Mesías. Espero que él en su actual vida pueda ser testigo directo de su gran esperanza e ilusión, ser testigo del final de los tiempos y comienzo de la nueva Tierra.

La decisión de ser servidores de la luz es una elección de cada uno. Con esa libertad accedéis al nivel superior y poder ser portadores de la semilla de la vida. Vida que será fértil y fructífera abonada con amor. El trabajo no puede ya demorarse, trabajo prudente y diligente. Tu mirada se posará en el centro de tu ser, que es inamovible pase lo que pase. Reposar en el centro porque es la única forma de *salvaros* y crecer en vibración, si aún estáis movidos por ondas que os agitan y perturban no podréis dar el salto.

Nos piden que estemos atentos a esta vibración que nos está envolviendo. Cuando la onda pasa por sitios que no están actualizados, causan desastres al no poderse integrar. Los humanos que desencarnan porque no pueden superar esa fuerte energía, volverán a encarnar en este plano. Los que superen esta fuerza serán llevados a otras esferas. La agresividad, el terrorismo también es una manifestación de la fuerte energía que el humano no sabe dirigir y se desborda dando salida a esta alteración que algunas veces se vuelve contra sí mismos, drogas, suicidios y demás penurias humanas. Actualizar en vosotros todos los niveles de conciencia e ir subiendo.

Nos están diciendo claramente que ya no es momento de dudas e incertidumbres. Estamos en el tiempo de la siega y el gran apoyo es la confianza –la fe– con el *Ser Superior* o *Yo Soy* en ti. En tu corazón está su casa y es ahí donde debes hablarle y buscarle. Con los silencios y la armonía lograrás el dialogo con Él. Es la tabla de salvación de todos. Llámale Cristo o Buda o *Yo Soy* pero llámale y háblale.

Estas verdades que te repito y reitero son de infinita importancia. Sería necio no escuchar y pensar que son simples palabras. La venida del Cristo, el despertar de las conciencias son las respuestas al llamado de los hombres para que se manifiesten en su corazón. Es la toma del poder de Dios en Cristo en la Tierra.

Nuestro destino como hombres, parece que es glorioso si hacemos caso a lo que nos dicen los metamensajes que nos llegan. Actualmente mi esposa e yo, formamos parte de un pequeño grupo de personas que se unieron ya hace tiempo por distintas razones y que aún perduran después de años. En el grupo todos tenemos edades similares, algunos ya jubilados pero con el niño interior activo. Nos amamos todos y acostumbramos a reunirnos por lo menos una vez por semana para hacer trabajos y meditar. Las chicas al margen y algún chico, hacen cursillos para aumentar sus conocimientos. Tenemos más interés en aprender *Cábala* y técnicas mágicas que se remontan a épocas precristianas druídicas. Son frecuentes los viajes de conocimiento a Inglaterra a una zona muy mágica al oeste de la isla, cerca de los famosos dólmenes y en las zonas de las historias o *leyendas Artúricas*. Somos en nuestro círculo el grupo de los mayores. Os diré que el grupo de los jóvenes nos superan en muchas virtudes y capacidades. Algunas de ellas podrían parecer sacadas de historias de ciencia ficción.

Tenemos mi esposa e yo la gran bendición de tener unos hijos que según parece y creemos nos eligieron como padres antes de nacer. La más joven que ya no pequeña, a los siete años veía las auras y las pintaba con sus colores. Le enseñó Sixto Paz Wells escritor de temas ufológicos que se hospedaba en mi casa hace veinte años. Le hacía dibujar siluetas que coloreaba según la luz que veía alrededor de las personas.

Una ocasión le hice pintar el aura a una joven vecina del chalet de en frente, que padecía un cáncer terminal ginecológico. La niña Paloma dibujó una mancha oscura en la zona genital de la vecina. La mancha era de un color marrón sucio. Ella desconocía la enfermedad y la localización del cáncer. Con ella aprendí como cambiaban las auras según los pensamientos y las emociones. Su madre entusiasmada por el don descubierto en la niña, se dedicó a llevarla a reuniones de señoras, para que pintara las auras a todas. Esto cansó a mi hija, que termino negándose a proseguir con la experiencia.

A los diez años descubrí que Paloma era capaz de percibir con el tacto lo que aconteció en zonas que estaban registradas en las piedras. La *psicometría* es la percepción extra sensorial de sucesos impresos en las piedras o las cosas. Fue en Medinaceli, ciudad antigua e histórica que en la época romana floreció, permaneciendo aún hoy monumentos destacables, como un arco romano de gran belleza. En aquel viaje, nos acompañaba nuestra amiga Piedad y su marido Rafael. Ya conocíamos que también Piedad tenía la virtud de la percepción extrasensorial o psicometría. Fue una fiesta oírlas a las dos narrar historias impresas en las piedras de la venerable plaza del pueblo. Actualmente Paloma, pese a tener una carrera de ciencias, continua con gran percepción extrasensorial y de visualización en las meditaciones y trabajos. Su vida está ligada a la Madre Tierra y especialmente al mar.

El chico Pablo que le precede, como narré anteriormente se comunicaba y visualizaba desde los siete años. Sigue desarrollando y trabajando mucho su lado espiritual. Lleva una vida normal, trabajo, pareja, diversiones los fines de semana... y al mismo tiempo es capaz de comunicarse con su maestro el Moria con asiduidad. El maestro que le enseñó a hacerse una armadura de poder, martillo a martillo. Su despertar se manifestó a los siete años. Entonces era un niño inquieto e hiperactivo. Decidí enseñarle a aquietar su mente y comenzar a meditar. A partir de ahí comenzó a visualizar historias y vivencias que parecían cuentos fantásticos de un niño muy creativo. Era curioso que sus historias cuando le dirigía la sedación y por la noche en sueños se completaban. Algo familiar me decían sus historias, hasta que un día me narró un encuentro con un maestro:

– Tú eres Hércules. Hay un león que ataca al pueblo.

– Cogí mis armas y lo busqué. Lo seguí hasta unas cuevas y dejando mis armas lo vencí con mis manos.

Con estas palabras me describió Pablo el desenlace de la visión.

A partir de entonces, me estuvo narrando sus visiones y estas eran «Los doce trabajos de Hércules». Salí a la librería más cercana y ahí estaba el libro «Los doce trabajos de Hércules» de Alice Bailey. Un niño de siete años me narraba historias de iniciación a través de ese gran libro. No podía ser casual, aquello trascendía lo racional.

Posteriormente fue canal del otro plano dando citas bíblicas que escritas en el orden dado, constituían un tratado o un comentario sobre temas que deberíamos comprender. Metamensajes que nos daban a través de él, que sí ya estaba abierto para recibirlas. Primera fase de comunicación que termina ahora con la telepatía.

La mayor de las chicas, Amparo entra con facilidad en la otra realidad como en las «*Brumas de Avalón*» –el mito artúrico, narra que las sacerdotisas de la antigua religión, habitaban en otra dimensión que separaba el mundo de los mortales, del mundo de Avalón–. Amparo es un ser de amor inmensamente grande, más grande do que ella en su humildad podría aceptar. Su vida como maestra infantil junto a su hijo, mi único nieto, es de lo más normal en apariencia. Es un autentico tesoro y es bendecida por los seres de luz que le acompañan.

Emilio es mayor que Amparo, se llevan once meses. Es un chico excepcional que desde pequeño vivió la naturaleza de forma plena. Para él era habitual ver seres elementales, y se dedicó a pintarlos. Capaz de ver y hablar con el dragón de la cueva de Merlín y de visualizar Avalón como era en otros tiempos. Capaz de comunicarse con delfines, de visualizar sirénidos en aguas de Tintagel –el Castillo de Tintagel, está unido al mito de Arturo y de Merlín, al norte de la costa atlántica de Cornualles–. Definió a los sirénidos, como seres con escamas, muy feos y huidizos. Estos seres como el dragón antes mencionado y los seres elementales que Emilio ve con total naturalidad, son seres sutiles de otra vibración o dimensión. Son reales en esa dimensión que hace muchos años estaba abierta para muchos humanos.

Se define como caballero de la luz, y así creo que lo sea. Es la persona más polifacética y creadora que conozco. Con espíritu de niño, que a veces –demasiadas– se niega a crecer y a acoplarse a ese *sentido común* que los racionalistas bien pensantes, esperan que sea lo perfecto. Espíritu libre, viajero infatigable con su mochila y máquina de fotos en Sudamérica, India, Japón, África, Filipinas... Constantemente aprendiendo costumbres y formas de cocinar. Probando los guisos más exóticos y enseñando cocina europea a quien quiera aprender.

Sus clases de cocina aquí en España son clases de cocinar con amor. Se convierten en lecciones de metafísica, donde les enseña lo importante que es manejar los productos, saberlos elegir, pero sobre todo cocinar con armonía y amor. Cuenta que el mismo plato cocinado con rencor y rabia puede sentar fatal al que lo come, porque la materia absorbe las vibraciones negativas del ser que las manipula. Un tiempo utilizó su creatividad, para enseñar a las mujeres intocables de Vicente Ferrer en India, a hacer dulces con los productos que tenían y venderlos en la calle con beneficios superiores a su labor diaria. Este caballero de la luz como él se define hace de la cocina un arte espiritual que enriquece el cuerpo y el alma.

Guillermo mi hijo mayor es tan especial como los que le siguen. Es un ser abierto a su *Yo Soy*, con una disposición extraordinaria a la comunicación directa telepática con los seres de la Gran Hermandad y otras entidades de luz. En él está la energía Crística de una forma tremenda. El plan de vida de él, creo será fundamental para los demás en los tiempos del cambio. En muchas ocasiones hemos hablado de temas trascendentes y curiosos, contestaba y razonaba a las preguntas o dudas, con una sabiduría que a mí me hacía cuestionar *¿Quién habla en él?* A esa pregunta siempre recibí la misma respuesta: «¡Que más da!» Entre nosotros existen unos seres con apariencia normal y sin embargo su ser es tan grande como una estrella. Los dictados y aseveraciones de mi hijo mayor, me desbordan y maravillan. Sabe estar en dimensiones diferentes, ya no sólo habla con *ellos* telepáticamente, sino que está en presencia con los maestros y conmigo a la vez. Pese a esto, es un joven casado, jovial y de lo más normal en su vida cotidiana y laboral.

Las cosas que estamos viviendo, serían sucesos dignos para la creación de religiones, como en otros tiempos se crearon los Testigos de Jehová o los mormones. «Los testigos de Jehová» nacen en Pittsburgh, Pensilvania, a partir de un grupo de estudiantes dirigidos por Charles Taze Russell en 1870. «Los Mormones» nacen cuando según cuentan, el 21 de septiembre de 1823, un muchacho de diecisiete años de edad, estando orando se le apareció un ángel llamado Moroni, que le informa donde están escondidas unas tablas del autentico evangelio completo. Este santón modificó las normas con posterioridad haciendo que el hombre pudiese tener varias esposas y concubinas. Él fue un ejemplo de marido ejemplar con veintisiete esposas.

> *Tener en cuenta que estamos en un tiempo de Revelación y que las verdades ocultas desde antiguo, se muestran claras para el que sabe buscar con corazón limpio.*

Siempre se ha utilizado la necesidad de encontrar un sentido del hombre para manipularlo. Esa manipulación se da en todas las religiones unas más que otras. Las hay que hasta respetan las creencias de las otras.

También por el miedo se domina al hombre. Un espléndido caso es la política que el anterior jefe de estado americano hizo patente después del atentado de las Torres Gemelas. Les abrió las puertas del control total de la ciudadanía, con abusos que sólo las tiranías utilizaban. Justificaban los desmanes y daban carta verde para cualquier acción de control y represión que el gobierno quería. Control de llamadas telefónicas, cuentas bancarias y movimientos de cuentas. Parte del control absoluto que impera en el mundo es el fruto de la masacre de las Torres Gemelas. Cuando desean algo se saltan las normas y crean una guerrita como en Filipinas o Cuba, cuando

España perdió las colonias, porque ellos hundieron un barco para simular un ataque de los españoles y así por la fuerza tirarlos.

Quien quiera creer que crea o busque la verdad que le hará libre. Todos manipulan cuando quieren que el pueblo haga lo que para ellos es bueno.

> *Como han manipulado esta sociedad de consumo desmedido, llena de miedos e incertidumbre, donde los humanos son constantemente bombardeados por la propaganda que dice que hay que tener para ser felices.*

La palabra compropatía[1] la he inventado yo, para definir la pulsión irrefrenable que tienen muchos occidentales sobre todo a partir de un nivel medio, para la compra compulsiva de cualquier cosa. Todo montado sobre una falacia de que la posesión de cosas te hace feliz. Como el juego compulsivo de los ludópatas, sucede con el *compropata* produce una descarga de endorfinas, que les hace pensar y sentir, que serán un poquito felices comprando todos los días cosas no necesarias. Es una enfermedad de la sociedad de consumo y que en este momento es tan grave, pese a todo, sigue siendo defendida por la *necesidad de consumir y vender.* La gente se siente feliz cuando ha cobrado y compra en los supermercados, complejos de ocio y ventas. No compra solo lo que precisa sino mucho mas.

En el tiempo que se avecina, nos recomiendan *los de arriba* que liberemos las cargas, que soltemos ataduras. Liberar para vivir de forma sana y sin ese consumismo feroz. Nos piden que seamos conscientes de esta realidad: *somos juguetes de una política capitalista nefasta que cifra la felicidad en poseer más, ser envidiado o al menos no criticado por los demás.*

Si la Tierra va a cambiar de vibración y nosotros con ella, ya en cuarta no tendremos lo que teníamos en tercera dimensión, ya no hará falta. El aferrarse a las posesiones es una trampa que te amarra y que no dejará que pases fácilmente de dimensión.

1 *N. del E.:* El término médico es oniomanía o compra compulsiva y se considera un trastorno psicológico

El no apego ahora es más vital que nunca. No temas porque si pierdes lo que tenías, te espera un mundo inmensamente más feliz y completo.

¿Qué es el miedo?

Emoción que en el hombre animal es de protección y autodefensa. Se basa en el instinto más antiguo y ancestral del hombre. Hasta la más pequeña planta al acercarle un hacha o una cerilla tiembla de miedo. En el hombre están manifestados en su físico los elementos de la naturaleza y en su organismo se reproducen las formas mineral, vegetal y animal. El cuerpo y mente son en conjunto un equipo para andar por esta Tierra. *El miedo esclaviza y paraliza.* El miedo de los judíos en el campo de exterminio, les impedía rebelarse contra la brutalidad de sus asesinos.

Los miedos son un arma muy eficaz. Miedo al terrorismo, que si no lo hay lo invento. Miedo a la escasez, miedo a la inseguridad ciudadana, a la vejez y a la jubilación. Miedo al paro y a la necesidad de tener lo que el vecino tiene.

El miedo hace que el poder que lo regenta tenga en su puño las libertades de la gente. El budista y el hindú viven de forma diferente. Aceptan lo bueno y lo malo, y piensan que siempre hay una razón para que sucedan. *El Karma de cada uno rige los designios. Luego no hay que temer.*

En el temor, influye de forma determinante, el pensamiento, es el decreto como verbalización de un pensamiento y deseo. Si temes que te van a robar, abres las puertas de que así sea. Una forma correcta aunque les parezca absurda y temeraria, sería decir y creer en lo que decretas: «a mí nadie puede quitarme nada que me pertenezca, nadie ajeno a mi hogar entrará con malas intenciones». Si después de este decreto uno pone cerraduras de seguridad y rejas en ventanas, ya se ve que no tiene fe o confianza. No funcionará el decreto.

> *Para ser dueño de tu vida realmente, hay que tomar las riendas. Comprender que haces tu mundo y depende de tu pensamiento y palabra que así sea.*

Sé que es difícil creerlo. Lo que quieren *los de arriba* es que tengamos el valor de enfrentarnos a esos miedos irreales para que se produzca el milagro.

Cuando contaba el pequeño milagro que narré de la precipitación del dinero –la mente racionalista no lo cree– dejé también reflejada la posibilidad de que no fuera tal milagro y que yo sin recordarlo había metido el dinero en los apuntes. *Pues bien eso es incierto. Jamás he dejado dinero dentro de libros o apuntes, ni yo ni mi esposa.* Dejé abierta esta opción para que el racionalista encuentre su versión, *pero os digo que así fue y sólo por confiar en el Yo Soy al iniciar el viaje sin dinero.* La educación nos ha enseñado lo contrario, cuesta romper los viejos esquemas.

Si supiéramos que esas dificultades las hemos forjado nosotros, cambiaríamos. Las dudas que nos atacan ante una situación conflictiva como en las entrevistas, nos muestran las dos formas de afrontarlas: «Ya verás como el entrevistador me mira mal por mi coleta o por mi timidez, no voy a dar la talla, seguro que me despide sin ni siquiera mirarme». Con este discurso estás programando mentalmente el rechazo y una respuesta contraria a la que deseas. Si dices mentalmente: «Este ser lo bendigo y le hablo a su Cristo Interno o Yo Superior. Que sólo le guíe la verdad y me pueda dar la plaza que merezco o mejor». Seguramente lograrás tu cometido. Deberás desechar el miedo y la duda esa forma de ser es la de tomar el mando en tu vida y en tu mundo. *No es para que tu poder se imponga a los demás, sino en justicia y en amor que es el idioma de tu Ser interno, se realice lo que necesitas o deseas.*

No siempre lo que deseas es lo correcto o apropiado para tu evolución. Tu Ser Interior es un espíritu divino, y sabe lo que es bueno para tu evolución. La mente, tu ego, es el que desea lo que no debe o con voluntades poco claras y oscuras.

Como comenté, el pedir que te tocara la Bonoloto, es un sentimiento infantil e inmaduro que casi todos hemos tenido. Es como si un niño le pidiera a su padre una pistola cargada porque le haría feliz. El niño en conciencia y evolución no puede tener una pistola cargada. Ese niño que somos tú e yo, no puede tener una fortuna que no ha logrado con su esfuerzo, poco a poco. El hombre se engaña creyendo que sí sabría administrarla y que no le cambiaría. Es una tentación indeseable para la evolución del ser, sería una enorme prueba para cualquiera. Que sepas que ni, tú ni yo, estamos preparados para superar dicha prueba.

Hay métodos más legales y de luz para lograr lo que precisas. Tu Ser no quiere que sufras necesidad y pobreza. El quiere que tú aprendas, que sepas, que descubras quien eres. *Que eres una parte importante del universo con poder creador, que tu futuro será glorioso, que serás capaz de crear mundos cuando tu Dios Interno crezca y se manifieste.* Se puede decir que si hay miedo no hay confianza en que todo irá bien. *Luego podríamos decir que el miedo es la otra cara de la fe, la no fe.* Ese es el gran juego que trato de que aprendas, y es que en todas tus existencias, una de las asignaturas más importantes, es el vencer los miedos y sustituirlos por la confianza.

Esta es la gran enseñanza: eres un creador y creas con tus pensamientos y sentimientos. Viviste vidas de dureza y dolor, no es extraño que olvidemos vidas pasadas, sería muy duro el recordarlas con detalle.

Lo que te ocurre puede ser modificado por tu forma de pensar y sentir. Es el momento de que experimentes y descubras las grandes verdades de la vida.

Has sido un esclavo de tu ignorancia y ahora toca liberarte y salir de la prisión. Aprovecha la oportunidad y aprende a ser el dueño de tu vida y lograr la felicidad.

Ese miedo es alimentado con películas y tragedias. La crisis que estamos viviendo, es en parte artificial, creada por los poderes oscuros en la Tierra. Poderes que manejan las voluntades de los hombres haciéndolos esclavos del deseo, una sociedad de consumo brutal que produce infelicidad al no lograr realizarlo. Infelicidad y frustración de no llegar, de no tener. Esclavos de una quimera.

La crisis crea una vibración altamente dañina para el espíritu y su evolución. Cuando los seres hablan de desahucios, de pobreza, crecen sus temores y disminuye su luz. Ese descenso de la luz y el dominio por el miedo es lo que busca el poder oscuro oculto.

Nos están diciendo por escritos telepáticos desde hace años, que es posible que pronto entremos en contacto con hermanos de las estrellas que vendrán a ayudarnos y a *salvarnos* si la situación de la Tierra lo precisase.

Ante esto que se conoce desde hace muchos años, como los comunicados de Marla, aquella mexicana que se comunicaba hace cuarenta años con los extraterrestres. Ellos los del poder conocen la verdad y luchan para que la humanidad no se escape de su dominio. El grupo de Marla confeccionó hace años un video que resultaba profético, dictado por los hermanos de las estrellas, sobre estos tiempos. Si se viese ahora se comprobaría la certeza del video.

Existe un Plan de Evacuación Mundial que se accionaría ante un gran cataclismo, en el cual serian rescatados los niños y adultos con luz y vibración suficiente. Estos serian elevados o abducidos a grandes naves o platillos. Serian ascendidos a dichas naves y sacados de la zona del desastre. Nos avisan los hermanos de las estrellas, que no sería una abducción propiamente, ya que se respetará el libre albedrío de cada uno. El ser que quiera quedarse se quedará.

Con fecha del domingo 18 de noviembre del 2012 se nos comunicó en una reunión de meditación celebrada en Valencia, España, que ya está completa la red de asistencia de naves extraterrestres alrededor de todo el planeta. Estas naves están en un plano vibracional superior, por lo que no se ven. Nos dicen que sólo precisan de un flujo de energía y vibración más alta para manifestarse. La vibración de amor y la alegría harán que ese flujo funcione y lleve a buen término la evacuación. Se formaran círculos concéntricos debajo de las naves. Y en el centro se pondrán los más pequeños.

Los poderes de la Tierra en los países de mayor potencia, conocen la existencia de los extraterrestres desde hace mucho tiempo. Estos son una amenaza para el control de la humanidad, pues su conocimiento conllevaría el debilitamiento y la erradicación su poder en muy poco tiempo. Son el enemigo y al enemigo se le combate con la mentira y el miedo. Nos han bombardeado con películas de extraterrestres terroríficas. Presentan seres sádicos, sin sentimientos, destructivos y maléficos. Jamás los hermanos del cielo llevan malas intenciones. Sólo el amor universal les guía para ayudar a los humanos en el trance del cambio dimensional.

> *«No os abruméis por sucesos oscuros que os quieren involucrar, atrapar. Estar despiertos y conscientes, solo una conciencia despierta y atenta es capaz de percibir la verdad de las cosas. Vuestras mentes ya están preparadas para acceder a este nivel donde alcanzaréis la paz que estáis ahora buscando. Debéis desarrollar la atención, y centrados en vuestras actuaciones y sentimientos seréis dignos de entrar. Nada esperar y todo realizar, no negaros a vosotros mismos cayendo víctimas de otros movimientos, ¡Despertad!, pues solo despiertos os queremos, no adormilados, el momento clave ya está en vuestro entorno, en cada situación y en cada momento os está llamando, ser*

capaces de atender y responder. Una nube oscura ha de llegar, y después ha de llegar otra... pero el resultado será un gran resplandor que inundará el planeta en distintos sitios y de ahí expandirá la luz hasta llegar a cualquier rincón, y aún así no será visto por todos, pues la luz que a unos ciega, a otros ilumina. Así vosotros debéis tener las puertas abiertas y dejaros penetrar, porque solo así obtendréis la fuerza necesaria para dar el salto. La luz es una gran potencia que os hará vibrar hasta alcanzar la elevación necesaria para ayuda a vuestros cuerpos.»

Comunicación recibida por Omaras el 17 de enero de 2010.

Epílogo

Esta pequeña obra de mi vida, es compartida por muchos seres entrañables que me acompañan en la gran aventura. Esperando ese momento del cambio se presentaban serias dudas de como creemos que será.

Desde hace ya unos cuantos años, más o menos veinticinco años, llegaron a nosotros unas grabaciones del grupo de una señora mejicana llamada Marla. Este grupo aseveraba que se comunicaban con seres de las estrellas y que estos les habían vaticinado el cambio, el final de la Tierra –tal como la conocemos– en esos tiempos tan importantes. Se refería al *Plan de Evacuación Mundial*, que explicaba como serian liberados o abducidos los humanos ante la posibilidad de una catástrofe inevitable. Hacía predicciones de que pasaría antes del gran cambio, como la crisis de la banca en el mundo.

Por nuestra experiencia con los comunicados con los hermanos de las estrellas llegamos a una serie de consideraciones que quiero aclarar. Ya que ellos en sus comunicados siempre han procurado no alarmarnos, aunque en ocasiones ha sido inevitable.

Según deducimos por los escritos y por las visiones que en el transcurso de meditaciones de mi grupo hemos tenido, ese *plan de salvación* tendrá diferentes facetas para los humanos. Deducimos que las naves extraterrestres deben tener la función de acondicionar las personas a la diferente vibración de la otra dimensión. Ellos vibran más alto que nosotros y sería preciso que nosotros hubiéramos logrado ascender en vibración. Para los que han logrado una limpieza suficiente y elevado su nivel vibracional, será fácil y sin esfuerzo pasar a la nueva tierra con el mismo cuerpo aunque mejorado y rejuvenecido. Otros dejarán su cuerpo y renacerán en la nueva tierra de forma fácil y no dolorosa. Son los mansos de corazón, los misericordiosos, la buenas personas sea cual sea su religión. Otras personas volverán a nacer en planetas de vibración similar a la Tierra. Planetas todavía atados a la enfermedad, al dolor y a la muerte.

Recuerdo la visión de una amiga de mi grupo que vio una gran nave lenticular con la puerta abierta. Múltiples luces penetraban en tropel dentro de la nave. En su interior vio multitud de cunas con niños en ellas y cada niño con una esfera de luz encima. Realmente siempre es una transición hermosa. Dejar el cuerpo es como dejar un traje que ya no te sirve por viejo o poco adecuado para donde vas a vivir.

Esta visualización nos hacía comprender como pasarían las almas a la otra dimensión y como tomarían cuerpo. Este hecho no altera a *los de arriba* el *plan de evacuación*. La buena gente, los seres de amor que no se purificaron ni aumentaron su nivel de vibración pasarán de esta forma pero sin dolor ni experiencias desagradables. De tal manera que en los escritos telepáticos que nos enviaron en el transcurso de los años, siempre nos hablaban de la gran protección que tendríamos y que no temiéramos nada.

Realmente no nos cabe el dudar de lo que nos aseguran. Son seres de amor incondicional que se comunican con nosotros por el trabajo de años efectuado. *Puedes creer o no. No pasa nada tu Ser Superior es el que valorará si pasas y cómo pasas.* Pienso que las profecías del maestro Jesús, se cumplirán en el cambio de la Tierra y eso nos llena de esperanza. Es la gran oportunidad que se nos brinda y que hay que aprovecharla. Nos dijeron que si no nos esforzábamos tendríamos que esperar a la siguiente oportunidad que podría demorarse veinticinco mil años, cuando pase la rueda del tiempo del samsara que comienza ahora. La rueda que comienza o el nuevo samsara, es el de la Sabiduría.

Apenas hay tiempo para reaccionar y el salto es grande, ¡hay que prepararse! Es hora de trabajar pidiendo que tu conciencia se abra, que trabajes el amor incondicional. Que seas capaz de perdonarte a ti mismo y amarte, ya que en ti hay muchas cosas positivas y buenas. Así serás capaz de amar a los demás y no los juzgarás.

> *Otra de las claves es que no te agobies, sé feliz y ríe, canta y ama a los de tu alrededor. Sé y siente tu luz. «Yo Soy luz» como decía Jesús que tú seas la luz del mundo, que seas un sol para los demás. Perdona a los que te ofendieron.*

*Compren*dí al fin que temas que estaban vetados para mí como la forma de espiritualidad espirita, es realmente útil y necesaria. En este libro he manifestado que el contacto con el mundo astral en que las almas perdidas están, no se debería entrar ni ayudar a nadie. Se que es un gran error o prejuicio esa forma de pensar. Son hermanos que están perdidos, necesitados de ayuda y dirección. Seres que pueden o no ser conscientes de su estado de desencarnado, que andan esperando guía y consuelo. Si mi grupo trabaja por la luz, para ayudar la humanidad en su evolución, también los seres que ya se fueron y no han pasado el umbral a la luz lo necesitan. Gracias a mi editora Luciana Reis por abrirme los ojos.

Mi deseo en este breve pero intenso relato, nace de la urgencia del momento, todo nos grita que algo nuevo nos viene encima y no sabemos que hacer. La gente es reacia a aceptar que se trata de algo tan drástico y fuerte que cambiará sus vidas.

Desde hace más de veintiséis años que mi familia e yo hemos ido viendo la evolución de los acontecimientos y hemos podido despertar del sueño del mundo de Maya.

He tratado de contar mis experiencias que a veces trascienden a mí y me cuesta aceptar pero que están ahí.

He tenido la suerte de encontrar unos amigos del alma que nos han acompañado en esta aventura.

Amigos tan especiales como Piedad, la madre de aquel primer guía espiritual, que desde el otro lado del Jordán nos enseño tanto durante dos años.

Amparo y José Manuel, pareja de amigos fraternos que fueron luz en nuestro camino y a sus seres cósmicos. A Omaras por sus contactos telepáticos y a Isomer su esposo el escriba por su tremenda labor en el grupo de transcribir todos los comunicados de arriba. Que comunicaron con la otra esfera con los maestros de la Gran *Hermandad, de seres de otras dimensiones* y de su Yo Soy. Mi agradecimiento a su labor y su obra.

Mi agradecimiento a mi amada esposa, madre de hijos tan especiales. Compañera inseparable que me animaba y enseñaba con su ejemplo a seguir este camino de luz. Mi reconocimiento y amor a todos los miembros del grupo espiritual, por su compañía, luz y aportación de vivencias y enseñanzas. Grupo donde nadie era el o la cabeza, grupo donde cada uno aportaba su trabajo e ideas. Grupo de amor donde hemos crecido juntos y que esperamos ser útiles a nuestros hermanos de aventuras en este planeta que es nuestra madre, que pronto cambiará con o sin nosotros.

Mi agradecimiento a mi hermano del alma Manuel, que con su ejemplo descubrí la verdadera grandeza espiritual en la sencillez y la humildad.

A mi querido amigo Santos que para mi fue corrector y consejero de esta pequeña obra al que exonero de los errores que aparezcan, porque no son por su culpa, sino sólo por la mía.

A mis hijos que leyeron el manuscrito y me ayudaron a ver mejor esta nueva dimensión a la que nos acercamos, por su ayuda y apoyo incondicional.

Desde mi centro en mi corazón os digo:

Que desde el punto de luz en la mente de Dios, afluye luz a las mentes de estos mis hermanos, la luz desciende a la Tierra. Desde el punto de amor en el corazón de Dios, afluye amor a los corazones de estos mis hermanos. El Cristo retornó a la tierra. Desde el centro donde la voluntad de Dios es conocida el propósito guía las pequeñas voluntades de los hombres, propósito que los maestros conocen y sirven. Desde el centro que llamamos la raza de los hombres se realiza ya el plan de amor y de luz y sellan la puerta donde se halla el mal. La luz, el amor y el poder restablecen el plan en la Tierra. ¡Amén!

Esta oración ya no es una petición sino un decreto que se está cumpliendo.

Índice